Kleine Scheißer ... große Kerle!

AF547180

Für meine Kinder

Der Himmel hatte Tränen geweint.
Diese haben sich ins Meer zu verlieren gemeint.
Die Muscheln kamen und schlossen sie ein.
Ihr sollt nun meine Perlen sein.

Frei nach Friedrich Rückert

Was wäre, wenn ich durch zwei Wünsche die Macht hätte, meine Lebensuhr zurückzudrehen?

Ich würde definitiv nicht meine Jugend zurückholen wollen.

Ich würde definitiv nicht meine Kindheit neu gestalten wollen.

Ich würde definitiv nicht zu dem Anfang meiner Geburt zurückreisen wollen, um sodann die Welt noch einmal neu und um vieles besser zu entdecken.

Ich würde ebenso nicht an den Anfang meiner Zeit, meiner Zeugung zurückreisen wollen, um eventuell einen anderen Weg einzuschlagen. Nein, nein!

Ich würde definitiv einzig zu dem Tag zurückreisen wollen, an dem ich euch beide zum allerersten Mal in meinem Bauch spüren konnte.

An dem ich das erste Mal eure kleine Fäuste, eure kleinen Füße an meiner Bauchdecke sehen und spüren konnte.

Ich würde dieses unbeschreibliche Glücksgefühl noch einmal erleben wollen. Jede einzelne Sekunde.

Ich würde den großen Augenblick eurer Geburt, an dem ihr beide das Licht meiner Welt, das Licht eurer Welt, das Licht unserer Welt erblicktet, noch einmal genießen wollen.

Ab dem Tag eurer Geburt würde ich jede einzelne Sekunde abermals mit euch ganz intensiv, ganz bewusst noch einmal erleben wollen.

Dies wären meine zwei Wünsche, wenn ich zwei Wünsche frei hätte!

Bärbel Kiy

Kleine Scheißer ...

Große Kerle!

Babyproduktion – Klappe 1 bis 5

Bibliografische Information der Deutschen Nationalbibliothek
Die Deutsche Nationalbibliothek verzeichnet diese Publikation in der Deutschen Nationalbibliografie; detaillierte bibliografische Daten sind im Internet über http://dnb.dnb.de abrufbar.

Vollständige Taschenbuchausgabe
Dieser Titel ist auch als E-Book erschienen.
Neptunikum Verlag
© Bärbel Kiy

© Bärbel Kiy 2015
Neptunikum Verlag
ISBN 978-3-945311-08-0
Printed in Germany
Alle Rechte der Verbreitung, auch durch Film, Funk und Fernsehen, fotomechanische Wiedergabe, Tonträger, elektronische Datenträger und auszugsweisen Nachdruck, sind vorbehalten.

Satz, Umschlaggestaltung, Herstellung:
BoD – Books on Demand
Umschlagillustration
Cover (v.) Bild-Nr. 64539985 © strels - Fotolia.com
Cover (h.) Bild-Nr. 72368147 © Maksym Yemelyanov - Fotolia.com

Alle Rechte beim Autor
www.neptunikumverlag.de
10,90 (D)

Inhalt

Vorwort

Es ist eine alte Legende, dass der Klapperstorch die Babys bringt. Tatsache ist aber, dass alle vermehrungsfreudigen Paare sich um die Babyproduktion selbst kümmern müssen. Wenn die kleinen Scheißer dann da sind, wirbeln sie das ganze Leben fröhlich durcheinander.

Kinder sind das größte Geschenk auf Erden!

Es ist wunderbar, ihnen beim Wachsen zuzusehen …

Geborenwerden heißt:
in das Unbekannte hinausgestoßen zu werden.

Leben heißt:
sich in das Unbekannte hineinfallen zu lassen.

Lieben heißt:
in das Unbekannte hineingesogen zu werden.

Babywunsch … die Zeit ist reif

Sechs Uhr dreißig, Montagmorgen. Brutal riss der Wecker Bianca laut, mit einem nicht überhörbaren Weckalarm, aus ihren Träumen.

„Mist, ich habe gestern Abend vergessen, den Wecker auszustellen!“, fluchte Bianca, während sie schlaftrunken den Alarmregler ihres Weckers suchte. Heute war *ihr* Tag. Ihr freier Tag. Freigeschaufelt durch den Abbau ihrer Überstunden. Abbummeln für die Inanspruchnahme eines dringend benötigten Rundum-sorglos-Pflegepakets mit allem Pipapo.

Mal wieder hatte sie in dieser Nacht von einem Baby geträumt.

Mal wieder war sie im Traum Mutter geworden.

Hilfe, das darf doch wohl nicht wahr sein! So kann es nicht weitergehen, ging es ihr durch den Kopf.

Bianca spürte mit einem ultralauten Paukenschlag ihre warmen Muttergefühle durch ihren zarten Körper rauschen. Ihre biologische Uhr tickte bereits seit einiger Zeit. Doch bisher hatte sie das laute Ticken gekonnt überhört.

An diesem Morgen war es ihr jedoch nicht mehr möglich, das Ticken zu überhören. Ihre Instinkte hatten in der zurückliegenden Nacht die Kontrolle über ihren Intellekt übernommen.

Es war der 5. Oktober des Jahres 1987. Nun war sie so weit. Sie wollte ein Kind!

Peter wünschte sich bereits seit geraumer Zeit ein Kind. Oft hatte er Bianca gebeten, doch endlich die Pille abzusetzen. Bisher hatte sie aber standhaft die Babybremse gezogen. Sie fühlte sich zu jung, um die Verantwortung für ein Kind zu übernehmen. Sie fand, dass der Zeitpunkt, ihr gut funktionierendes Duo in ein Trio zu wandeln, nicht richtig gewählt war.

Sie war doch erst sechsundzwanzig! Ihre Einstellung änderte sich jedoch an diesem besagten Morgen grundlegend. Nun fühlte Bianca sich zur Mutterschaft bereit.

Peters und ihre Pheromone kommunizierten bereits seit Jahren heftig miteinander über ihre biochemischen Wege. Bisher wurde unter Wissenschaftlern stark gestritten, ob Menschen überhaupt auf Pheromone ansprechen. Die beiden kamen zu der Erkenntnis: Sie tun es.

Peters und Biancas Hormonhaushalte konnten ein Lied von der Anziehungskraft zueinander singen. Ihre Emotionen überschlugen sich in der Gegenwart des anderen.

In Biancas und Peters Bekanntenkreis brüllte es bereits seit zwei langen Jahren aus allen Ecken. Vier von sechs Pärchen aus ihrem gemeinsamen Bekanntenkreis waren Eltern. Peter und Bianca hatten sich bisher dezent aus der Babyproduktion zurückgehalten. Doch nun, von einem Augenblick zum nächsten, verspürte auch Bianca, dass die Zeit, sich zu vermehren, in ihrem Leben gekommen war. Sie spürte, dass sie ihren Urinstinkten der Paarung und Vermehrung gerecht werden musste.

Nun, da sie sich entschlossen hatte, Peters Babywunsch nachzugeben, brannte Biancas Uterus lichterloh. Ihre Gebärmutter wollte schnellstmöglich mit Leben gefüllt werden. An diesem für Bianca arbeitsfreien Montag im Herbstmonat Oktober – Mutter Natur wechselte ihr Kleid von einem saftigen Grün in ein warmes Rotorange – fasste Bianca mutig einen Plan. Gleich nach dem Duschen setzte sie sich anlässlich der Umsetzung ihres Plans angespannt in ihrem Wohnzimmer auf ihre gemütliche graue Glattledercouch. Gekauft in einem trendigen Möbelgeschäft der Landeshauptstadt. Laut Auskunft des Verkäufers und der ausgewiesenen Rechnung aus feinstem

Büffelleder. Sie griff zum Telefon, das auf einem kleinen Glastisch neben ihrem modernen Sitzmöbel stand. Zittrig nahm sie den Telefonhörer in ihre rechte Hand und wählte aufgeregt die Telefonnummer ihres Gynäkologen. *Schnell anrufen und Nägel mit Köpfen machen, bevor ich es mir anders überlege,* dachte Bianca.

Ein Fruchtbarkeitsberatungs- und Untersuchungstermin sollte es werden.

Der Verbindungsaufbau zur angewählten Rufnummer dauerte sieben, acht Bianca endlos lang erscheinende Sekunden. Sodann meldete sich eine nette Arzthelferin am anderen Ende der Leitung mit einem fröhlichen:

„Praxis Doktor Barsch. Was kann ich für Sie tun?"

Eine angenehme, ihr nicht bekannte Frauenstimme flötete ihre einstudierte Ansage in den Hörer der Arztpraxis.

Bianca stockte für eine Sekunde der Atem. *Soll ich oder soll ich nicht?,* ging es ihr durch den Kopf. Sie nahm allen Mut zusammen, um sodann laut und deutlich ihr dringliches Anliegen vorzutragen.

„Guten Tag. Bianca Schneider. Ich benötige möglichst schnell einen Untersuchungstermin."

„Haben Sie Schmerzen oder geht es um einen Kontrolltermin?"

„Was verstehen Sie unter einem Kontrolltermin?" Bianca war verunsichert. Schmerzen hatte sie nicht. Einzig

ihre Fruchtbarkeit stand auf dem Prüfstand.

„Hm. Ich denke, mein Anliegen wird in Ihrer Praxis unter der Rubrik Kontrolltermin geführt."

„Hatten Sie einen Eingriff?"

„Nein, hatte ich nicht. Ich … vielmehr mein Mann und ich möchten ein Kind bekommen. Nun benötige ich ein Beratungsgespräch und einen Untersuchungstermin." Bianca war leicht genervt.

„Einen Augenblick bitte", erklang die freundliche Stimme

am anderen Ende der Leitung. Bianca hörte, wie die Helferin in den Seiten eines Terminkalenders blätterte. Im Hintergrund war ein leises Tuscheln zu hören.

„Ach, Frau Schneider, da haben Sie aber Glück! Ich höre gerade von meiner Kollegin, dass soeben eine Patientin für den kommenden Montag ihren Termin abgesagt hat. Den frei gewordenen Termin kann ich Ihnen anbieten. Wenn Sie Zeit haben, seien Sie pünktlich um fünfzehn Uhr dreißig in der Praxis. Falls Ihnen der Termin allerdings nicht zusagt, müssen Sie vier Wochen warten. Vorher haben wir leider keine freien Termine mehr zu vergeben.", sagte die sympathische Stimme bedauernd.

Schnell, ohne weiter nachzudenken, bestätigte Bianca den Termin.

„Nein, nein. Der Termin in der kommenden Woche ist mir sehr recht. Super, vielen Dank", antwortete Bianca freudig.

Nun, da sie sich entschlossen hatte, hatte sie keine Zeit mehr zu verlieren. Ihr Puls schlug vor lauter Aufregung an ihrer rechten Halsschlagader aus.

„Sehr gut. Bis Montag. Ach, Frau Schneider? Vergessen Sie bitte nicht, den Überweisungsschein ihres behandelnden Hausarztes mitzubringen.", teilte die Stimme am anderen Ende der Telefonleitung Bianca noch mahnend mit. Es war eine erotische, rauchige Frauenstimme, die keinerlei Männerwünsche, vielleicht auch Frauenwünsche, offenließ. Diese Stimme hätte Biancas Meinung nach in jeder Sex-Hotline sofort für riesige Umsätze gesorgt. Unter Umständen hätte sie die Telefonleitungen dieser Einrichtungen glatt zum Erliegen gebracht. Die Helferin mit der rauen Erotikstimme und dem unglaublichen Sex-Appeal hatte den Hörer des Telefons offensichtlich zurück auf die Telefongabel gelegt. In kurzen Abständen trötete es fortlaufend laut aus Biancas Hörer.

Nun, nachdem Bianca die Weichen für ihr künftiges Schicksal gestellt hatte, fuhr sie wie geplant zunächst zu ihrer Kosmetikerin und danach zu ihrem Friseur. Nachmittags traf sie sich aufgehübscht mit ihrer besten Freundin beim Sport. Die beiden Frauen wollten im Anschluss noch eine Kleinigkeit bei ihrem Lieblingsitaliener essen. Ihrer Freundin von ihrem Plan berichten, ein Kind in die Welt zu setzen, wollte Bianca nicht. Die Welt sollte erst von Peters und ihrem Wunsch, Eltern zu werden, erfahren, wenn es akut war. Warum schlafende Hunde wecken? Den psychischen Druck konnten sie sich sparen.

Was wollte sie mehr? Abends, nach einem wunderbaren Tag, traf Bianca zufrieden und bestens gelaunt in ihrer Wohnung ein. Sie war aufgeregt, als sie die Wohnung betrat. Sie vernahm Fernsehgeräusche aus dem Wohnzimmer. Bianca hatte es eilig. Sie wollte Peter umgehend von ihrer Zustimmung zur Babyproduktion berichten. Nachdem sie ihre Jacke ausgezogen und aufgehängt hatte, aus ihren Stiefeletten geschlüpft war und diese in den Schuhschrank gestellt hatte, ging sie forschen Schrittes ins Wohnzimmer. Dort wurde sie von einem gut gelaunten Peter freudestrahlend, auf der Couch lümmelnd, begrüßt.

„Na, mein Schatz, hattest du einen tollen Tag?"

„Ja, hatte ich. Aber ich möchte dir etwas sagen. Peter, ich bin jetzt auch so weit", erklärte Bianca Peter voller Freude, mit zitternden Knien vor ihm stehend.

„Ich verstehe jetzt nicht, was du mir damit sagen willst. Willst du dich nicht erst einmal hinsetzen?" Nachdem Bianca keine Anstalten machte, sich zu ihm zu setzen, setzte sich Peter aufrecht auf.

„Na, ich bin nun für alle Schandtaten bereit!", flötete Bianca ihm entgegen.

„Ich weiß immer noch nicht, was du mir sagen willst." Genervt zog Peter seine rechte Augenbraue hoch.

„Sag mal, steht jemand auf deiner Leitung? Ich bin nun bereit, unser Baby auszutragen! Lass es uns tun! Lass uns Eltern werden! Ich habe mir heute Morgen auch schon einen Termin für eine Fruchtbarkeitsuntersuchung bei Doktor Barsch geholt. Montag Nachmittag geht's los."

„Ist nicht dein Ernst!" Peter hatte Tränen in den Augen. Sein sehnlichster Wunsch sollte nun tatsächlich Wirklichkeit werden. Er hatte Bianca noch nie mehr geliebt als in diesem Augenblick.

Der Tag, den biologischen Gegebenheiten ins Auge zu sehen, kam schneller, als Bianca lieb war. *Wie schnell doch eine Woche, sieben Tage, ganze einhundertachtundsechzig Stunden vergehen können!,* ging es Bianca durch ihren Kopf, als der Tag der Wahrheit gekommen war. Aufgeregt wie ein kleines Kind, das auf den Weihnachtsmann wartet, mit einem Paket voller Fragen im imaginären Säckel, schritt Bianca zum vereinbarten Termin durch die sandgestrahlte Milchglaseingangstür ihres Medikus, die sich leise, wie von Geisterhand, öffnete. Sie betrat eine schicke, geschmackvoll eingerichtete und hochmoderne Praxis. Es ging hoch her in der Sprechstunde ihres Gynäkologen.

Bianca nahm nach kurzer Aufnahme ihres Anliegens durch eine ältere, sportliche, hochgewachsene Helferin mit einem pfiffigen grauhaarigen Kurzhaarschnitt, Baujahr 1946, im angrenzenden Wartezimmer Platz. Bianca war sechsundzwanzig Jahre alt. Sie war seit ihrem zwanzigsten Lebensjahr Patientin in diesen heiligen Hallen. Diverse Um- und Ausbauten innerhalb der Arztpraxis hatte Bianca staunend während der vergangenen Jahre beobachten können. Wie sie schon vor Jahren erfahren hatte, war die ältere, hochgewachsene grauhaarige Helferin an der Anmeldung die bessere Hälfte ihres Gynäkologen.

Die Sprechstunde war wie immer gut gefüllt. Von den zwölf Stühlen, die im Wartezimmer Platz fanden, waren bereits zehn besetzt. Bianca setzte sich auf einen der beiden freien Sitzgelegenheiten neben eine schwangere junge Frau. Bianca spürte einen Hauch von Neid in sich auf kommen. Ja, sie beneidete die junge blonde Frau neben sich sehr. Diese hatte das geschafft, was Peter, na ja, wenn Bianca ehrlich zu sich selbst war, auch sie, sich wünschte. Die junge Frau war schwanger. Bekam ein Baby. In dem Uterus dieser Schwangeren wuchs bereits ein oder vielleicht auch mehr als ein Leben heran.

Bianca musste nicht lange warten. Es waren rund zehn Minuten vergangen, bis sie von der aufgeschlossenen, hochgewachsenen, dunkelhaarigen Auszubildenden aufgerufen wurde. Die Zeit des Wartens hatte Bianca mit dem Lesen oder vielmehr mit dem Durchblättern der in den Arztpraxen und Friseursalons ausliegenden typischen Frauenmagazine verbracht. In diesen Hochglanzmagazinen wurde ausführlich berichtet, wer mit wem wann, warum und wo in die Kiste sprang. Als ob es sonst keine Probleme auf der Welt gäbe. Doch der Voyeur-Journalismus hatte schon was Unterhaltsames. Bestens unterhalten und ausführlich über das Liebesleben der Stars und Sternchen informiert, folgte Bianca der motivierten Auszubildenden in das hochmoderne Labor. In diesem diente sie dieser als Zapfsäule. Es kam zur Abgabe einer Urinprobe, einer Blutprobe und – um den Untersuchungsmarathon abzurunden – abschließend zur Blutdruckmessung. Umgehend nach diesen Untersuchungen und der zufriedenstellenden Blutdruckmessung manövrierte die erfahrene Auszubildende Bianca in eines der Sprechzimmer. Von der hübschen Helferin aufgefordert, nahm Bianca auf einem Stahlrohrstuhl mit schwarzem Lederpolster gegenüber dem Schreibtisch des Arztes Platz. Es dauerte nur wenige Minuten, bis Doktor Barsch aus der dick gepolsterten Durchgangstür eines der Untersuchungszimmer zu ihr ins Sprechzimmer trat. Wie immer mit einem offenen Lächeln und einer winkenden Hand. Freudig reichte er ihr seine schmale rechte Hand mit einem festen Druck.

„Hallo Frau Schneider, was kann ich für Sie tun?

Wo drückt der Schuh?“, fragte Doktor Barsch Bianca mit einem durchaus interessierten, offenen Blick in ihre riesigen grünen Kulleraugen. Ohne zu wissen, dass er mit seiner Frage in ein Wespennest der unter der lockeren Oberfläche gärenden Gefühle seiner ihm sympathischen Patientin gestochen hatte. Die in einen wahren Babyalarm versetzte Bianca rang nach den richtigen Worten.

„Mein Mann und ich … also, wir wünschen uns ein Kind. Wir sind so weit und wollen nun endlich Eltern werden“, sagte sie ohne weitere Umschweife in einem festen, verbindlichen Ton.

„Ich bin hier, weil ich in Erfahrung bringen möchte, ob ich gesund bin und ob bei mir alles in Ordnung ist. Auch hätte ich gerne von Ihnen gewusst, wie lange es nach Ihrer Erfahrung dauern kann, bis unser Wunsch Realität wird. Sprich, ich möchte mich nach meiner Fruchtbarkeit erkundigen. Sind meine Eizellen willig? Sind meine Eierstöcke in Ordnung?“, schossen die Worte ohne eine einzige Atempause aus Biancas Mund.

Doktor Barsch sah Bianca amüsiert an.

„Frau Schneider, Sie wollen von mir wissen, ob Ihre Eizellen willig sind? Ob Ihre Eierstöcke in Ordnung sind?“, fragte Doktor Barsch Bianca belustigt.

„Das wissen wir letztlich auch nach der Untersuchung nicht zu einhundert Prozent. Da hat Ihr Mann auch ein beträchtliches Wörtchen mitzureden. Wenn seine Samenfäden nicht den Weg zu Ihren Eizellen finden, wenn seine kleinen Lümmel nicht schnell genug sind, helfen Ihnen auch Ihre leistungsstärksten Eierstöcke und Ihre willigsten Eizellen nichts. Hinzu kommt … warten Sie, ich schau einmal nach.“ Der Doktor blätterte in ihrer Karteikarte.

„Ja, da hab ich es. Sie haben in den zurückliegenden elf Jahren die Pille ohne Pause eingenommen. Täglich haben Sie eine sehr starke Dosis Hormone zu sich genommen. Dieser Hormoncocktail hätte bei der einen oder anderen Frau über diese Laufzeit durchaus schon ein Problem ergeben können."

Doktor Barsch machte Bianca keine großen Hoffnungen, innerhalb der nächsten überschaubaren Zeit Mutterfreuden entgegensehen zu können. Beraubte sie nüchtern betrachtet all ihrer ausgeschmückten Illusionen und ihrer trügerischen Hoffnungen. Der Mediziner ihres Vertrauens raunte ihr freundschaftlich zu: „Frau Schneider, wenn Sie innerhalb eines Jahres, sprich innerhalb der nächsten 365 Tage schwanger werden sollten, wäre das schon ein Riesenerfolg. Gehen Sie mal lieber von gut ein bis zwei Jahren aus. Lassen Sie Ihre Pillenpackung jetzt auslaufen und seien Sie fleißig. Mein Rat: üben, üben, üben."

Was wollte ihr Gynäkologe ihr mit dieser Aussage zu verstehen geben? Wütend funkelte sie Doktor Barsch aus ihren Kulleraugen an.

Wie sprach ihr Arzt eigentlich mit ihr? Sie war doch kein Kindergartenkind!

Fleißig sein?

Üben?

Was glaubte der Blödmann eigentlich?

Dass Peter und sie geistig unterbelichtet wären?

Dass sie zu der bildungsfernen Schicht gehören würden?

Dass sie nicht wussten, wie man vögelte?

Gab es für das Kinderzeugen eine Anleitung?

Sollten Peter und sie jetzt rammeln wie die Kaninchen?

Was genau wollte der Knaller in Weiß ihr mit seiner Aussage nun vermitteln?

War ihr Arzt gar mit dem Göttervirus infiziert worden?

Schwebte er auf einer Götterwolke?

„Frau Schneider, bevor wir nun weiterreden, lassen Sie uns doch zunächst einmal sehen, wie es um Sie steht. Bitte kommen Sie mit in das Untersuchungszimmer eins. Machen Sie sich untenherum frei und setzen Sie sich auf den Stuhl. Ich schaue mir Ihre Gebärmutter und Ihre Eierstöcke genauer an“, forderte Biancas Medikus sie mit seiner tiefen, warmen Bassstimme lächelnd auf.

Sodann stand er von seinem gut gepolsterten Lederchefarztstuhl auf und ging mit knirschenden weißen Turnschuhen durch die gut gedämmte Durchgangstür voran. Der Arzt schritt in das Untersuchungszimmer mit der deutlich sichtbar platzierten Nummer eins an der Tür.

Bianca ging kommentarlos hinterher.

Du hättest Schauspieler werden sollen, dachte Bianca, während sie ihrem Arzt langsamen Schrittes wie ein Lamm, das zur Schlachtbank geführt wurde, hinterhertrottete.

Das Untersuchungszimmer eins war spärlich, jedoch nach neuestem Standard, steril und sehr modern eingerichtet. Der „Untersuchungsfolterstuhl“ stand vor einem großen Fenster. Der Store vor dem Fenster war zugezogen und blickdicht. Die Patientinnen konnten bei Bedarf hinaussehen, und doch gewährte der schicke weiße Store neugierigen Augen keinen Einblick. Was in Anbetracht der Praxislage sowieso äußerst schwierig war. Das Fenster zeigte nämlich auf einen gegenüberliegenden See. Die Praxis hatte eine Traumlage: einen See vor der Tür, einen Wald hinter dem Haus und die Stadt in erreichbarer Nähe.

Neben dem Untersuchungsstuhl erblickte Bianca interessiert ein Ultraschallgerät. Des Weiteren erspähte sie an der rechten Zimmerwand einen circa einen Meter vierzig hohen, silbernen Metallschrank mit fünf Schubladenauszügen. Auf diesem lag, gut präsentiert, eine Ansammlung gynäkologischer Instrumente griff bereit. Bianca erkannte mit Kennerblick unter anderem ein Vaginalspekulum, mehrere Abstrichbürsten und Plastikspatel, Holzspatel, zwei Pinzetten und drei Zangen. Nachdem Bianca sich einen flüchtigen Überblick von der extravaganten Raumausstattung gemacht hatte, die offensichtlich vom Schöner-Wohnen-Team für Ärzte eingerichtet war, schlüpfte sie in die sich in dem relativ großen Raum befindliche kleine Umkleidekabine. Die Kabine war, wie es den Anschein in ihr erweckte, ein festes Provisorium. Diese durchaus als eine Meisterleistung des Holz verarbeitenden Handwerks anzusehende Kabine war bestückt mit einem kleinen, weiß lackierten Hocker, einem weißen Kleiderhaken und einem schnörkel- und rahmenlosen Ganzkörperspiegel. Kaum hatte Bianca sich ihren Stringtanga ausgezogen, hörte sie eine der Helferinnen aus dem gut besetzten Praxisteam durch die Tür des Untersuchungszimmers tippeln. Beim Eintritt der Assistentin knarrte die schwere Zimmertür laut.

Superluxuspraxis, jedoch für einen Tropfen Öl reicht der Etat nicht, dachte Bianca, während sie mit freiem Unterkörper aus der Kabine herausstolzierte. Sie betrachtete ihren nackten Unterkörper. Na, zum Glück hatte sie morgens an eine ausgiebige Intimrasur mit anschließender Pflege gedacht.

Ihre Beine waren rasiert, der Schambereich ebenso. Wie unangenehm wäre es ihr gewesen, wenn sie sich ihrem Arzt als ein behaartes Primatenweibchen hätte präsentieren müssen! Sich ihres gepflegten Äußeren bewusst, schwang Bianca sich auf den harten, dünn gepolsterten schwarzen Gynäkologenstuhl. Die beiden an dem Stuhl befestigten Beinhalter rechts und links des unbequemen Liegepolsters waren weit nach außen gestellt.

Hier auf dem Gynäkologenfolterstuhl bekommt der Begriff „Pflaumenbaum“ eine ganz neue Begrifflichkeit, dachte Bianca, als sie unbequem in ihrer Gynäkologenuntersuchungsposition lag. Ihr knochiger Podex drückte gegen das harte Polster.

Doktor Barsch stand bereits wartend in der linken Ecke des Untersuchungszimmers. Er zog sich kommentarlos während Biancas Positionsfindung seine weißen Einmalhandschuhe aus Silikon über seine filigranen Hände. Sodann war auch er bereit, schritt an den Untersuchungsstuhl und tastete Biancas Unterleib schweigend, stumm wie ein Fisch, ab. Fast stumm. Zwei, drei Mal grunzte er auf, ohne jedoch sein Grunzen verbal zu erklären. Bianca war leicht verunsichert. Sie traute sich jedoch nicht, Fragen zu stellen. Wer fragt, bekommt Antworten. Auf diese konnte sie im Moment gut verzichten.

Er wird mir schon sagen, wenn etwas mit meinen Eierstöcken oder meiner Gebärmutter nicht stimmt, ging es ihr durch den Kopf. Nach der Untersuchung nahm Doktor Barsch den Untersuchungsstab seines Ultraschallgerätes von dem Halter, auf dem dieser lag, ab. Er zog diesem weiterhin tonlos vor der anstehenden Vaginaluntersuchung ein kleines Verhüterli über. Sodann fuhr er mit dem Zauberstab durch Biancas Uterus.

Wenn dieses Dings einen leuchtenden Stängel hätte, würde dieser Leuchtstab wohl auch als Untersuchungsstange für Urologen zu gebrauchen sein. Er könnte gut Licht ins Dunkel bringen, dachte sich Bianca amüsiert.

„Eierstock rechts. Eierstock links, Gebärmuttermund, Gebärmutterhals, alles in Ordnung“, brummelte die Stimme ihres Gynäkologen nach der bisherigen stummen, fachmännischen Überprüfung ihres Unterleibs zwischen Biancas weit gespreizten Beinen in Richtung ihrer Ohren. Der Arzt blickte während der ganzen Zeit seiner Untersuchung auf einen Bildschirm, auf dem Biancas Gebärmutter im Ultraschall – für Profiaugen – gut sichtbar war.

Horch, er kann sprechen!, ging es Bianca amüsiert durch den Kopf, als ihr Arzt ihr die Anatomie ihres Uterus erklärte. Zum Abschluss der Untersuchung machte ihr Medizinmann, weiterhin mundfaul, einen Abstrich. Schwupp!, war die Untersuchung nach gefühlten Stunden, tatsächlich aber nur wenigen Minuten, erledigt.

„Falls der Abstrich nicht etwas ans Tageslicht bringt, was jetzt noch nicht abzusehen ist, ist alles in bester Ordnung“, verkündete der Medizinmann, während sich Bianca schnell von dem Untersuchungsstuhl heruntermanövrierte. Mit wackelndem nackten Hintern, rasierten Beinen und rasierter Vagina, auf nackten Füßen und mit schwarz lackierten Fußnägeln stolzierte sie in „ihre“ Kabine. In dieser sicher angekommen, bedeckte sie kommentarlos und hastig ihren nackten Unterkörper mit ihrer schicken Designerkleidung.

Nachdem Bianca sich wieder angezogen hatte, trat sie voll bekleidet aus der Umkleidekabine heraus. Sie stelzte aus dem Untersuchungszimmer in den Empfangsbereich, in dem Doktor Barsch bereits auf seine junge, paarungswillige Patientin wartete. Er gab Bianca zum Abschied abermals seinen Tipp mit auf ihren Heimweg: „Üben, üben, üben.“

Wollte ihr Medizinmann sie verkohlen? Im Grunde genommen war sie nach der Untersuchung nicht schlauer als vorher.

Dass meine Nachkommenschaft … Blödsinn, die Nachkommenschaft aller Menschen, vielmehr aller Säugetiere, nicht durchs Händeschütteln oder durch Bestäubung gezeugt wird, ist wohl jedem Mann als auch jeder Frau klar, ging es Bianca böse durch den Kopf. Um ein unzufriedenes Untersuchungsergebnis reicher, verabschiedete sie sich von ihrem Heilkünstler und seinem anwesenden Praxisteam.

Nachdenklich ging Bianca aus der Praxis ihres Arztes. Erneut trat sie durch die schicke, mit sandgestrahlten Mustern verzierte Milchglastür. Die Glastür öffnete sich – wie schon bei ihrem Eintritt – wie von Geisterhand nun auch bei ihrem Austritt.

Die piekfeine, hochmoderne Praxis befand sich in einer wunderschönen, gut restaurierten alten Villa. Erbaut laut Inschrift über dem Bogen des Eingangs: 1903. Das Treppenhaus war eng. Der alte Holzboden sowie die alten Holztreppen, die mit grauem Teppich ausgelegt waren, knarrten – ebenso wie schon beim Hinaufgehen – nun auch beim Hinuntergehen – beim Betreten einer jeden einzelnen Holzstufe laut.

Babyproduktion – Klappe 1

Biancas Auto stand, als sie aus der Eingangstür der Villa trat, noch da, wo sie es circa zweieinhalb Stunden zuvor abgestellt hatte. Der Parkschein war längst abgelaufen. Zu ihrem Glück hatte weder eine Politesse einen Zettel an der Windschutzscheibe ihres Autos hinterlassen noch war ein Abschleppdienst mit dem Abtransport ihres Wagens beauftragt worden. In der Neumünsteraner City war nichts unmöglich. Biancas Auto, ein quietschgelber VW-Polo, parkte direkt vor dem imposanten Eingang der alten Villa. Den Wagen hatte ihr Peter vor rund einem Jahr zu Weihnachten geschenkt. Bianca setzte sich in ihr kleines knallgelbes Gefährt und fuhr ohne Umwege, ohne noch einmal in dem einen oder anderen ortsnahen Shoppingcenter anzuhalten, direkt auf die Autobahn. Sie hatte nur ein Ziel: ihr Zuhause. Nach rund einer halben Stunde Fahrzeit war sie vor „ihrem" Mehrfamilienhaus angekommen. Schnellen Schrittes lief sie die zwölf Stufen des Treppenhauses zu ihrer Wohnung hinauf. Eilig schloss Bianca die Wohnungstür auf und bemerkte beim Aufschließen freudig, dass die Eingangstür der Wohnung nicht abgeschlossen war. Peter war demnach also zu Hause.

Sie suchte und fand ihn im Badezimmer. Er hatte sich geduscht. *Gut so!,* dachte Bianca.

Peter erkundigte sich nach Biancas Eintritt ins gemeinsame Bad wissbegierig nach ihrem Untersuchungsergebnis bei Doktor Barsch. Bianca war jedoch nicht ansatzweise zum Reden zumute. Ihre hieb- und stichfesten Argumente, das Stillen seiner Neugierde auf einen späteren Zeitpunkt zu verschieben, zogen. Sie schnappte sich Peter, ohne seinen Einspruch zuzulassen, und knutschte ihn gierig auf seine sinnlichen, vollen Lippen. Sein Körper war unter seinem Shirt und seiner Boxershorts noch nass. Bianca wurde geil. Sie fing an, Peter lüstern zu küssen. Führte ihre Zunge zu seiner. Seine Lippen waren bei ihrem ersten Aufeinandertreffen in der seinerzeit hippsten Diskothek des Jahres 1976 neben seinen vollen, lockigen dunklen Haaren ein prägnantes äußeres Merkmal gewesen. Schon damals konnte Peter mit seinen vollen Lippen küssen wie ein junger Gott. An dieser Tatsache hatte sich zu Biancas großem Vergnügen nichts geändert. Sie hatte gelesen, dass der Zungenkuss die Eingangspforte zum Tempel der Lust und Begierde sei. Na dann … Peter konnte sich ihrer sexuellen Anziehungskraft zu keiner Zeit, an keinem Ort entziehen. Somit stellte es für Bianca kein Problem dar, ihn sich ohne Umschweife zu unterwerfen. Bianca entkleidete ihren knapp bekleideten Mann gekonnt im Badezimmer. Sanft hievte Peter Bianca auf die in ihrer Nasszelle stehenden Waschmaschine. Seine Augen glänzten vor Verlangen. Unsanft schob er Biancas Kleid über ihre Oberschenkel in die Höhe ihres Kopfes. Der Stoff ihres Kleides nahm ihr die Sicht. Sie hob die Arme in die Höhe. Peter zog ihr das Kleid über den Kopf aus. Nun schob er nach. Gierig zog er ihr noch ihr schmales schwarzes Stringsatinhöschen aus und öffnete geschickt den Verschluss ihres schwarzen BHs. Beides warf er achtlos auf die weißen Badezimmerfliesen. Ohne Federlesen drang er fordernd mit seinem großen Phallus tief in Biancas feuchte Vagina ein. Peter war schwer begeistert. Ihm gefiel, was er spürte.

Er geriet in Fahrt. Allein ihr Anblick brachte ihn fast um seinen Verstand.

„Bist du von jetzt an immer so rattenscharf?“, bohrte Peter, ohne seine sportliche Hochleistung zu unterbrechen, hocherfreut nach.

„Nein, nein. Ich wollte lediglich testen, ob du für unsere Mission ‚Babyproduktion‘ startklar bist. Außerdem halt den Mund und gib Gas“, keuchte Bianca sarkastisch.

„Mann tut, was Mann kann“, konterte Peter schlagfertig.

Bianca wollte ihre verbale Oberhand nicht aufgeben. Sie stöhnte:

„Es reicht, wenn Mann kann, was Mann tut!“

Peter verstand den Seitenhieb und war schlagartig ruhig. Biancas Rechnung ging auf. Peter schwieg für die restlichen Minuten des Geschlechtsakts. Er war Bianca wie immer rhetorisch nicht gewachsen.

Während einer kurzen Verschnaufpause fragte Peter Bianca interessiert:

„Wie ist es denn nun bei Doktor Barsch gelaufen?“

Bianca war maulig. Peter war schnell gekommen. Zu schnell für ihren Geschmack.

Mag wohl daran gelegen haben, dass er eine zu gute Startposition hatte, dachte Bianca. Während sie ihren Gedanken zu Ende spann, sprang sie genervt von der Waschmaschine herunter.

„Lass uns später darüber reden“, antwortete Bianca ihm gereizt. Sie hatte jetzt wirklich keine Lust, sich die günstige Babyproduktionsstimmung versauen zu lassen.

Peters Sperma rann indes an ihren Innenschenkeln hinunter. Richtung Bodenfliesen. Bianca fand den Gedanken, dass Peters Sperma den gefliesten Badezimmerboden bekleckerte, eklig. Sie stieg in die Duschwanne, griff mit der rechten Hand den Duschkopf und hielt ihn in ihre gut gefüllte Vagina. Das warme Wasser spülte Peters Samenfäden in Richtung Duschwanne, in Richtung Ablauf, in Richtung Klärwerk.

Gedankenversunken sah Bianca den weggespülten Samenfäden hinterher. *Was für eine Verschwendung!,* dachte sie.

Bianca dachte nicht im Entferntesten daran, die Babyproduktion zu beenden. Sie wollte sich lediglich waschen und griff zur Intimreinigungslotion, die in ihrem Eckduschregal stand. Gründlich säuberte sie sich ihren Unterleib. Nach der erfolgreichen Reinigung stieg sie aus der Dusche und trocknete ihren Unterleib, besonders ausgiebig ihre Scheide, ab. Sie fühlte sich nackt. Bianca griff zu ihrem auf den Bodenfliesen liegenden schwarzen Stringtanga und zog diesen wortlos an. Einzig der Vollständigkeit halber. Nun fühlte sie sich besser.

So billig und schnell kommst du mir nicht davon, mein Lieber. Dann war dein Schnellschuss eben unsere Aufwärmphase, ging ihr durch ihren Kopf. Bianca strahlte Peter verführerisch an. Auch er führte mittlerweile eine gründliche Körperwäsche unter der Dusche durch. Sie strahlte Peter an, als wäre er der Hauptpreis in einer Lotterie. Im Prinzip war er das ja auch. Er war auch nach der langen Zeit, die die beiden bereits ein Paar waren, ihr ganz persönlicher Hauptgewinn. Peter hatte noch ein weiteres Plus. Er hatte symmetrische Gesichtszüge. Diese machten ihn für sie besonders attraktiv. Was wollte sie mehr? Bianca ließ nicht locker. Lüstern nahm sie, nachdem Peter ebenfalls aus der Dusche getreten war und sich abtrocknen wollte, kommentarlos sein Glied in ihre rechte Hand. Sein Phallus wuchs und wuchs abermals in ihren Händen zu einer imposanten Größe heran. Bianca merkte, dass ihr Mann erneut zur gemeinsamen Paarung bereit war. Sie kniete sich vor Peter und nahm zärtlich sein erigiertes Glied in ihren Mund. Sanft saugte, lutschte und biss sie an seinem und in seinen harten Penis. Peter wurde geil und geiler. Er stöhnte unter ihrer sanften Mundmassage mehr als einmal laut auf. Seine Atemzüge beschleunigten sich.

„Lass!“, sagte Peter und zog Bianca sanft zu sich auf seine Augenhöhe.

„Lass uns diesen unbequemen Ort verlassen und ins Bett gehen. Da ist es weicher und um einiges gemütlicher“, flüsterte Peter Bianca ins Ohr. Zur Unterstreichung seiner Aufforderung biss er ihr zärtlich ins Ohrläppchen. Die beiden Schneiderlein tippelten barfuß aus ihrem Badezimmer in Richtung Schlafzimmer. Peter nackt. Bianca mit ihrem Slip bekleidet. Ihre Orgie setzten die beiden in ihrem roten Plüschbett, das Highlight ihrer Schlafzimmereinrichtung, fort. Peter und Bianca lagen sich in den Armen. Sie küssten sich lange, innig und heiß. Ihre Zungen schlugen wieder und wieder gierig aneinander. Sie streichelten und liebkosten sich innig. Die beiden ließen sich viel Zeit und wollten ihren Beischlaf genießen. Biancas Finger befühlten Peters erigiertes Glied. Lustvoll stöhnte er wieder und wieder laut auf. Sowohl Peters Hände als auch seine Lippen erforschten ungeachtet der Aktivitäten Biancas jeden Zentimeter ihres Körpers. Ungezügelte Lust flackerte in seinen Augen auf. Er streichelte und liebkoste ihre weiche, leicht gebräunte Haut. Bianca lag nunmehr bewegungslos auf ihrem roten Plüschbett. Sie ergab sich Peters Dominanz und genoss seine zärtlichen Liebkosungen.

Ein sanftes Zittern durchzuckte ihren Körper, als Peter vor ihr in die Hocke ging. Er ergriff den Rand ihres Höschens und streifte den Slip gekonnt langsam über ihren kleinen Po entlang ihrer strammen, durchtrainierten Beine hinunter. Peter ließ seine Hände sanft über Biancas Innenschenkel Richtung Vagina wandern. Bereitwillig spreizte sie ihre Beine. Peter bekam einen freien Zugang zu ihrer feucht glitzernden Lustgrotte. Seine Augen leuchteten vor Erregung. Sanft streichelte, küsste und leckte er Biancas Feuchtgebiet. Minutenlang ließ sie seine gefühlvollen Liebkosungen über sich ergehen. Durch seine orale Stimulation ihrer Klitoris erreichte sie einen intensiven Orgasmus, der sich gewaschen hatte. Peter sah und fühlte, wie Bianca vor Erregung erstarrte. Sie zitterte und zuckte wie ein Aal. Schließlich war sie ganz entspannt. Als Peter sich erhob, wollte Bianca nicht mehr länger warten. Sie ging in die Knie. Griff nach seinem steifen Penis. Mit starrem Blick genoss sie, wie sein steifer Phallus sich direkt vor ihren Augen durch ihre Handmassage nach unten bog, aus ihrer Hand herausflutschte und wieder hochschnellte. Letztlich blieb er leicht wippend vor ihren Augen stehen. Zwei, vielleicht drei Sekunden lang beobachtete Bianca Peters glänzende Eichel. Sodann spürte Peter ihre Lippen und ihre Zunge auf seinem Penis. Er spürte, wie Bianca seinen Phallus mit ihren Zähnen, ihren Lippen und ihrer Zunge zu liebkosen begann. Sein Körper erstarrte vor Erregung. Wenige Frauen vor Bianca hatten ihn so zärtlich und so intensiv, einzig mit ihrem Mund, so geil gemacht. Bianca war multitaskingfähig. Nicht nur ihr Kauwerkzeug knabberte an Peters Phallus, nein, nein, auch ihre Hände waren äußerst aktiv. Ihre Finger griffen und massierten Peters kleine, knackige Fußballersäcke. Bianca machte dann und wann eine kleine Biss- und Streichelpause, um Peters kleine Ping-Pong-Eier oral zu liebkosen. Minutenlang geilte Bianca Peter auf. Bianca bekam jedoch nach rund sieben Minuten aktiv ausgeführter Mundmassage einen Krampf in ihrer Kauleiste. Somit fand der Oralsex, zu Peters Bedauern, ein jähes Ende.

Bianca schlang ihre muskulösen Arme um Peters schmalen Hals. Peter seinerseits fasste unter Biancas Oberschenkel und hob sie sanft an, bis sein harter Phallus ihre Vulva berührte. Sie ließ sich langsam sinken. Ohne Mühe drang Peter in Biancas nasse Scheide ein. Bianca stöhnte auf und schlug gelenkig ihre Beine um seine Hüften. Sie hing wie ein Äffchen an ihm. Peter war stark genug, um ihre Aktposition sicher und gut zu halten. Er stieß seinen Penis tiefer und tiefer in Biancas Vagina. Seine Hände massierten im Stoßrhythmus ihre kleinen, festen Brüste. Er liebte ihre Brüste. Bianca hatte Körbchengröße B. Ausreichend. Allein der Anblick ihrer knackigen Brüste ließ Peter in erotischer Alarmbereitschaft strammstehen. Silikon als Füllmaterial war ihm nicht geheuer. Wer möchte schon gern kunststoffgefüllte Brüste anfassen. Er jedenfalls nicht. Peter mochte es natürlich. Er liebte uneingeschränkt alles, selbst jeden Makel an Bianca. Obwohl Bianca zierlich und leicht war, konnte Peter ihre Position nicht länger als acht Minuten halten.

Er drehte Bianca zu seiner Entlastung sanft auf ihren Bauch. Sodann setzte er erneut zum Stoß an. Von hinten, Biancas Lieblingsstellung. Bianca mochte es, wenn sie Peters Phallus in der Doggystellung tief in sich spürte. Sie drückte ihm ihren Knackpo zur besseren Positionierung ihrer beider Polepositions sanft entgegen. Peter sollte unter keinen Umständen aus ihrer Scheide herausrutschen. Bianca richtete sich nach einigen Minuten sanft auf. Drehte sich um, schlang ihre Arme über Peters Kopf und hielt sich während des Akts mit beiden Händen an seinem Nacken fest. Sie lehnte sich weit zurück. Es war ein fantastischer Beischlaf. Sein Glied fuhr auf und ab in ihrer feuchten Lustgrotte. Ihr G-Punkt wurde unaufhörlich stark massiert. Bianca genoss jeden einzelnen Stoß. Sie genoss die harten Stöße ihres Mannes – für alle Mitbewohner des Hauses gut hörbar. Mit weit aufgerissenen Augen und einem in den Nacken gelegten Kopf. Peter spürte, dass er in dieser Stellung lange durchhalten konnte.

Mit langen und tiefen Stößen trieb Peter Bianca und sich immer weiter auf ihren gemeinsamen Höhepunkt zu. Er trieb ihre Wollust in ungeahnte Sphären. Leider auch in ungeahnte Höhen der akustischen Wahrnehmung. Wie lange die beiden so kopulierten, wussten die beiden Akteure nicht zu sagen. Sie hatten jegliche Wahrnehmung, jeglichen Sinn für Raum und Zeit verloren. Beide waren tief im Rausch ihrer Sinne. Peter nahm aus der Ferne akustisch wahr, dass Bianca immer lauter zu stöhnen begann. Bianca näherte sich gut hörbar ihrem Orgasmus. Peter sah sich aus gegebenem Anlass veranlasst, in die finale Phase einzutreten. Er erhöhte das Tempo seiner harten Stöße. Circa zwei Minuten später waren Bianca und er so weit. Sie röhrte, als sie ihren Orgasmus bekam, wie ein schwedischer Elch. Bianca zitterte am ganzen Körper und verkrampfte sich. Durch ihr heftiges Zucken und ihr lautes Stöhnen noch mehr erregt, konnte auch Peter nicht mehr an sich halten. Er spritzte seine Samenflüssigkeit in Biancas Vagina. Bei jedem seiner Schüsse ging ein Zucken durch ihren zarten Körper. Bianca beugte sich Minuten später heftig atmend, schweißgebadet und komplett erschöpft nach vorn. Sodann legte sie ihren Kopf auf ihre Bettdecke. Bewegungslos blieb sie auf dieser liegen. Minutenlang blieb Peter nach dem Akt noch in ihr, ohne sich zu bewegen. Nach dem kuscheligen, sanften Ausklang küsste Peter Bianca zärtlich in ihren Nacken. Nach einer Weile zog er seinen erschlafften Penis aus ihrer Scheide. Beide legten sich abgekämpft ins Bett. Ganz allmählich kamen beide aus ihrer Ekstase zurück ins Hier und Heute. Ein wenig von Peters Sperma tropfte warm aus Biancas Feuchtgebiet an der festen Innenseite ihrer Oberschenkel hinunter. Bianca blieb liegen. Das Sperma trocknete an ihren Beinen. Sie spürte die Spannung des getrockneten Samens. Sollten sich doch Peters Helden, die Früchte seiner Lenden, sein Spermium den Weg zu ihren zu befruchtenden Eizellen suchen. Sollten diese kleinen Giganten ihrer Leidenschaft doch Gas geben.

Strengt euch an, ihr Helden!

Bianca lächelte glücklich. Peter küsste Bianca sanft. Melodisch flötete er ihr leise ins rechte Ohr:

„Das war so geil! Du bist spitze!“

Der Weg ist das Ziel

Künftig nahmen Peter und Bianca die Kinderplanung gelassen. Zumindest mehr oder weniger gelassen. Peter befand sich noch in der Endphase seines Studiums.

Für Bianca hatte die Mutterplanungszeit erst begonnen. Sie war definitiv noch in der Mutterauseinandersetzungsphase. Jedenfalls redete sie es sich ein. Peter war neunundzwanzig Jahre alt, Bianca sechsundzwanzig Jahre jung. Sie hatten noch genügend Zeit. Fast ihr ganzes Leben lag noch vor ihnen. Diese Worte, auswendig gelernt wie die Worte eines Schauspielers in einem schlechten Werbeslogan, verkündete Bianca all jenen, die es hören wollten. Jedoch bekamen auch die, die keinerlei Interesse an der Familienplanung der jungen Schneiders hatten, keinerlei Chance, Biancas Mitteilungs- und Redefluss zu entkommen.

„Was kommt, das kommt", säuselte Bianca bei jeder sich bietenden Gelegenheit. Dies war ihre Einstellung. Jedenfalls äußerlich. Es ging ja niemand etwas an, dass Peter und sie schon fleißig am Üben waren.

Bianca konnte Peter schon immer gut riechen. Doch jetzt, wenn Peter in ihrer Nähe war, wurde ihr Atem schneller. Sie wurde geradezu wuschig. Ihr Blutdruck kochte vor purem Paarungsverlangen. Schlimmer noch, sie wurde in seiner Nähe heiß und heißer. Für Biancas Körper war der biochemische Cocktail eine Bereicherung. Er war genial. Die Gestagene, die Östrogene, die Pheromone, die Endorphine und last, but not least das luststeigernde Hormon Phenethylamin taten das ihre. Bianca blühte förmlich auf. Sie wurde immer schöner.

Hübsch war sie schon immer. Doch nun … eine wahre Augenweide.

Für des armen Peters Leib jedoch war der in seinem Körper hoch konzentrierte, biochemische Cocktail die reinste Hölle. Ausgelöst wurden seine Qualen durch die täglichen Strapazen, denen der Ärmste durch das immer *Zu-Diensten-sein-Müssen* ausgesetzt war. Peter litt bereits seit seiner frühen Jugend unter seinem außerordentlich hohen Bluthochdruck. Jetzt, unter dem Dauerstress, dampfte sein Kessel und er schien einem Herzinfarkt nahe.

Trotz seines bedenklich hohen Blutdrucks trotzend befand Peter, dass die Produktion einer kleinen Miniaturausgabe ihrer beider selbst ihre gute Beziehung perfekt abrunden würde. Peter und Bianca waren sich sicher, dass ein Baby ihr Glück komplettieren würde.

Der Gedanke der Babyproduktion regte beide zu allen möglichen Sexfantasien an. Bekanntlich ist der Weg das Ziel. Probieren geht über Studieren.

Daher hieß ihre Devise seit geraumer Zeit: *Ran an den Feind.*

Bianca genoss die Zweisamkeit mit Peter sehr. Sie hatte nichts an häufigen, mehrmals täglichen ganz unterschiedlichen Trainingseinheiten auszusetzen. Dem Kamasutra sei Dank, ersetzten diese komplizierten körperlichen Aktivitäten unter anderem auch ihre eine oder andere Fitnessübung. Bianca wusste gar nicht, dass sie so gelenkig sein konnte. Hatte sie doch seit Jahren keine großen Turnübungen und auch keine Dehnungsübungen mehr ausgeübt. Ja, sicherlich hatte sie in den Zeiten ihrer frühen Jugend einige Erfolge im Kunstturnen und im Kunstradfahren erzielt, die Zeiten waren jedoch schon lange vorüber. Ihr sportlicher Zenit war lange überschritten. Die letzte große sportliche Herausforderung lag Jahre zurück. Man merkte jedoch, wie durchtrainiert ihr Körper immer noch war. Auch Peter verfügte über einiges Standvermögen.

Sein Glied hielt, was es Bianca visuell versprach. Peter war zudem auch äußerst sportlich, durchtrainiert und muskulös. War Fußballer. Er trainierte mit seiner Mannschaft dreimal in der Woche auf dem Sportplatz eines ortsansässigen Fußballvereins. Am Wochenende spielte er mit seiner Mannschaft in den verschiedensten Bezirken der Region. Peters Kondition kam ihnen nunmehr zugute. Was hatten die beiden doch für einen großen Spaß! Beide waren auf gegenseitiger Entdeckungstour. Neugierig, die Sexualität, die Experimentierbereitschaft des anderen zu entdecken, wie einst Christoph Kolumbus erfreut über Entdeckungen auf seinen großen Forschungsreisen war.

Babyproduktion – Klappe 2

Als Bianca um neunzehn Uhr von der Arbeit nach Hause kam, fand sie in der Küche auf dem Küchentisch einen Zettel mit einer Nachricht vor. *18.00 Uhr. Bin mit Thorsten in der Stadtbücherei. Schreiben morgen eine wichtige Klausur. Na, das ist doch eine Ansage,* dachte Bianca. Bekanntlich dauerten Peters Besuche in der Stadtbücherei Stunden. Sie war müde und abgespannt. Bianca nutzte die Gunst der Stunde und wollte es sich auf ihrer Wohnzimmercouch gemütlich machen. Deshalb hatte sie sich eine CD der Gipsy Kings in den CD-Player geschoben und ihren Neuerwerb, das neue Buch von John Irving, auf dem Wohnzimmertisch zum Lesen bereitgelegt. Nachdem sie sich eine Flasche Merlot und eine Tüte Chips aus der Küche geholt hatte, konnte ihr wohlverdienter Feierabend beginnen. Sie hatte es sich gerade bequem gemacht, die Chipstüte geöffnet und sich ein Glas Wein eingeschenkt, da klingelte das Telefon. Murrend stand sie von ihrer angewärmten Couch auf. Äußerst schlecht gelaunt nahm sie den Hörer des Telefons auf.

„Bianca Schneider“, meldete sie sich trotz der Störung mit freundlicher Stimme. Peter war am anderen Ende der Telefonleitung. „Wir haben echt viel geschafft. Unsere Wissenslücken waren nicht so groß, wie wir befürchtet hatten. Puh! Ich bin geschafft. Ich bin in rund zwanzig Minuten zu Hause. Ich habe einen Bärenhunger. Machst du uns was zu essen?“

„Kommst du alleine oder bringst du Thorsten mit?“

„Ich komme alleine.“

Nachdem Bianca den Hörer wieder aufgelegt hatte, war ihr Wunsch nach Erholung verflogen. Ihr Date mit ihrer Couch, dem neuen Werk von John Irving, der Chipstüte und dem leckeren Merlot musste verschoben werden.

Peters Stimme übte eine vitalisierende Wirkung auf sie aus.

Bianca wollte Peter überraschen. Er hatte Hunger? Er wollte etwas essen? Das konnte er haben. Schmunzelnd ging Bianca in Richtung ihres gemeinsamen Schlafgemachs.

Gott schuf den Mann zur Probe. Das Probeexemplar Mann war nicht gut geglückt. Gott fing an zu experimentieren. Gott schuf die Frau, um seine menschliche Schöpfung zu perfektionieren – und siehe da, mit der Frau war ihm die menschliche Schöpfung tatsächlich gelungen, dachte Bianca gut gelaunt.

Von Müdigkeit war bei ihr keine Spur mehr. Stattdessen zog sie sich anlässlich ihres angedachten Vorhabens um. *Mein lieber Peter, deinen Appetit werde ich gleich stillen,* sinnierte Bianca.

Wohlwollend betrachtete sie sich in ihrem Schlafzimmerspiegel. *Hätte mich schlimmer treffen können,* dachte sie, als sie ihr Spiegelbild betrachtete.

Als Peter circa fünfundzwanzig Minuten später an der Eingangstür ihrer Wohnung klingelte, musste er länger als gewohnt warten.

Er war zunächst verwundert, dann mürrisch.

Das konnte doch nicht wahr sein! Er hatte sein Kommen doch via Telefon angekündigt. Was machte Bianca bloß? Als er abermals den Klingelknopf betätigen wollte, vernahm er leise Schritte in der Wohnung. Dann hörte er ein Klicken und der Schlüssel zur Eingangstür wurde im Schloss umgedreht.

Na endlich, dachte er.

Bianca öffnete ihm strahlend die Wohnungstür. Peter glaubte zunächst, seinen Augen nicht zu trauen. Vor ihm stand ein Traum in weißer Spitze.

Seine Laune verbesserte sich umgehend. Mehr noch … seine schlechte Laune war wie weggeblasen. Bianca trug eine lange, transparente weiße Spitzenbluse. Sie hatte keine Zeit zu verschenken. Ohne große Worte nahm sie den immer noch perplexen, sprachlosen, völlig überraschten, komplett überrumpelten Peter an seiner schlanken Hand. Kommentarlos zog Bianca ihn hinter sich her ins gemeinsame Schlafzimmer. Nonverbal deutete sie ihm an, sich auf das Bett zu legen.

Er befolgte die sprachlose Aufforderung artig.

Fügsam, gehorsam, ohne eine einzige Frage zu stellen. Peter staunte insgeheim nicht schlecht. Das Schlafzimmer war erfüllt von leiser Musik. Die schönen Töne drangen aus den Lautsprecherboxen, die in der Rückwand ihres roten Plüschdoppelbetts integriert waren. Bianca hatte zuvor ihre Wartezeit mit der Vorbereitung zur angedachten Liebesnacht verbracht. Zwanzig bis dreißig Duftkerzen unterschiedlicher Größe und wohl dieselbe Anzahl normaler Kerzen schmückten das abgedunkelte Zimmer. Die Jalousien hatte sie zum Sichtschutz heruntergelassen. Blicke von neugierigen Nachbarn waren ihr bei dem Folgenden nicht genehm. Sollten sie doch alle selbst ihre eigene Lovestory schreiben. Das ganze Schlafzimmer war erfüllt von den unterschiedlichen Duftstoffen der verschiedenen Kerzen. Es roch himmlisch.

Peter und Bianca nahmen sich Zeit. Viel Zeit. Peter fing an, den obersten Knopf von Biancas hochgeknöpfter, transparenter weißer Spitzenbluse zu öffnen. Er genoss den langsamen Ablauf. Küsste sie nach dem Öffnen des ersten Knopfes sanft auf ihren Hals. Der zweite Knopf. Nun küsste Peter Bianca auf ihren frei gewordenen Brustansatz. Die weiteren Knöpfe der Bluse folgten. Step by step. Knopf für Knopf erotisierte Peter Bianca mit seinen heißen Küssen mehr und mehr. Längst hatte Bianca Peter von seiner überschüssigen Kleidung, bis auf seinen Slip, befreit. Die beiden Schneiderlein lagen der Bequemlichkeit halber mal wieder auf dem roten, plüschig gepolsterten Bett. Von einem Augenblick zum nächsten setzte sich Bianca auf Peters Bauch. Sie wollte mehr, viel mehr. Bianca küsste Peter innig auf seinen Mund. Langsam nahm sie Peters rechte Hand und führte diese zum Bettpfosten. Mit einem blauen

Seidenschal, den sie zuvor auf der rechten Seite des Bettrands drapiert hatte, band sie seine Hand fest. Das Seidenband knotete sie gekonnt zu. Peter schaute dem Geschehen amüsiert zu. Er ließ Bianca kommentarlos agieren. Bianca nahm nun Peters linke Hand und band diese mit einem grünen Seidenschal, den sie ebenfalls zuvor sorgfältig an dem linken Bettpfosten festgezurrt hatte, mit einem ebenfalls gekonnten Knoten fest. Nicht zu fest. Doch zog sie die Bänder und Knoten so stark an, dass Peter sich ohne ihre Hilfe nicht mehr aus ihrer Fesselung hätte befreien können. Peter war ihr nun wehrlos und machtlos ausgeliefert. Er wurde geil. Er genoss sichtbar die verfängliche Situation. Seine Fantasien überschlugen sich.

Was für ein Biest!, dachte sich Peter amüsiert.

Lüsternheit und Begierde sprangen Bianca aus seinen braunen Augen entgegen. Wie von Zauberhand holte Bianca noch eine kleine schwarze Augenbinde hinter ihrem Rücken hervor. Eine Frau muss für alle Situationen gerüstet sein. Sie hatte an alles gedacht. Sanft verband sie Peters Augen. Er lag still. Der Ärmste war halt auch nur ein Mann. Bianca fand es erregend, ihren Mann wehrlos unter sich liegen zu sehen. Sie merkte, fühlte und sah unübersehbar, dass es ihm ebenso erging. Die Situation war offensichtlich ganz nach seinem Geschmack. Einen kleinen Moment lang saß sie auf Peters Oberschenkeln und studierte seine Anatomie.

Bianca studierte seine Mimik.

Sie sah seine Wollust.

Lange hielt sie es jedoch nicht aus.

Bianca setzte sich neben Peter und begann sanft, ganz leicht, mit einer Pfauenfeder seinen Körper zu streicheln. Der Mensch hat laut groben Schätzungen 100 Milliarden bis eine Billion Nervenzellen im Gehirn. Die Signalübertragung von Peters Sinnesorganen zu seinem Gehirn funktionierte bestens. Peter wurde fast verrückt. Immer an Körperstellen, an denen er es nicht vermutete, berührte ihn Bianca mit ihrer Pfauenfeder. Bereits nach kurzer Zeit war keine Stelle seines Körpers mehr ohne Gänsehaut. Er stöhnte leise auf. Bianca selbst glühte vor Begierde. Ein wohliges Gefühl stellte sich in ihrem Körper ein. Ihre Lippen lösten sinnlich mehr und mehr die Handlungen ihrer Hände ab. Ihr Mund fand Peters Mund. Bianca küsste ihn leidenschaftlich. Hielt inne und glitt küssend seinen Hals hinunter. Sodann fuhr sie mit ihren heißen Küssen ganz sanft über seinen Oberkörper. Sie stoppte an seinen Brustwarzen. Biss und saugte sanft an ihnen. Sodann nahm Bianca seine Brustwarzen in ihre Hände und zog mit unterschiedlicher Intensität immer wieder an diesen. Peter wurde geil unter ihrer leichten Folter. Er bäumte sich vor purer Lust unter dem leichten Schmerz auf. Biancas rechte Hand streifte mit der Feder währenddessen zusätzlich sanft über den Rest seines Körpers. Sein prägnantes Körperteil aussparend. Ihre Lippen wanderten nunmehr tiefer und tiefer seinen sportlich durchtrainierten Körper hinunter.

Es erregt mich, dass er nichts tun kann und mir hoffnungslos ausgeliefert ist, dachte Bianca, vor Sinneslust kochend.

Peter war nicht mehr zu halten. Voller Lust stöhnte er unter ihren Liebkosungen laut auf. Sein muskulöser Körper zuckte, als ob er von Blitzen getroffen worden sei.

Biancas Küsse dehnten sich nunmehr auf seinen ganzen Leib aus. Ihre Küsse wurden, den Umständen entsprechend, stürmischer. Jedoch nahm sie sich immer wieder zurück. Manchmal waren ihre Liebkosungen, ihre Küsse lediglich wie ein Streicheln auf seinem Körper zu spüren. Wenn Bianca fühlte, dass Peter sich entspannte, wurden ihre Liebkosungen deutlich fester, härter. Sanft knabberte und biss Bianca dann und wann in Peters Körper, der sich unter ihren Zärtlichkeiten wand. Er reckte sich gierig ihren Liebkosungen entgegen.

Langsam wanderte ihre linke Hand an seinen Oberschenkeln

hinauf. Immer höher, Richtung Slip. Gierig griff sie den seitlichen Rand von Peters Slip und streifte ihm diesen langsam an seinen Beinen hinunter. Peter unterstützte Biancas Vorhaben, indem er sein Becken anhob, sodass Bianca es einfacher hatte, seine Unterhose an seinen Beinen hinunterzuziehen. Bianca genoss mit geilem Blick, wie Peters hartes Glied direkt vor ihren Augen aus dem Slip herausflutschte. Sie zog ihre Hand inklusive der Pfauenfeder wieder etwas zurück. Leicht strich sie Peter mit der Feder über seine Eichel. Sodann nahm sie seinen Penis hart in ihre rechte Hand. Führte seine Vorhaut schnell vor und zurück, um seinen Phallus letztlich fest zu umschließen. Auch hier lösten ihre Lippen, ihre Hände und die Pfauenfeder sich im Wechsel wieder und wieder ab. Bianca wiederholte ihr Spiel und verteilte erst ganz leicht viele kleine Küsse. Leckte sodann seinen Penis und nahm ihn dann ganz in ihren Mund auf. Peter stöhnte erneut lustvoll, laut auf. Seine Erregung wuchs über ein erträgliches Maß hinaus.

Biancas rechte Hand streichelte weiterhin seinen Körper mit der Pfauenfeder, gleichzeitig fuhr ihre linke Hand über seine prächtigen Kronjuwelen. Ihre gekonnte Federführung ließ sie dabei nicht eine Sekunde außer Acht. Das Wissen, dass er nichts sehen und sich nicht wehren konnte, steigerte Biancas Begierde.

Peter schien unter ihrer Massage fast verrückt zu werden. Biancas Mund hielt seinen Phallus umschlossen.

Sie saugte gierig und lüstern an seinem Penis. Nicht sanft. Nein, fordernd. Peter verspürte leichte Schmerzen unter ihrer Mundmassage. Was ihm Angst machte, war, dass ihm der Schmerz gefiel. Bianca saugte hart. Machte eine Pause. Ihre Zunge liebkoste seine Eichel, sanft, doch auch oft fordernd. Peter stöhnte laut auf. Er wand sich unter ihrer Liebeskunst. Bianca ließ seinen Penis leicht aus ihrem Mund gleiten, um diesen sofort wieder hart zu umschließen. Erneut schrie Peter vor lustvollem Schmerz auf. Bianca hielt inne. Sie spürte, dass

– wenn sie weiterhin an seinem Zauberstab knabbern würde – er bald kommen würde. Sein Sperma schlucken wollte sie jedoch nicht. Bianca unterbrach ihren Blowjob und setzte sich lüstern auf ihn. Sie nahm sein Glied in sich auf. Sie fühlte seinen großen steifen Penis zwischen ihren Beinen und hörte, wie er stöhnte. Peter kam ihr mit seinem Becken entgegen. Sie nahm ihn langsam, Stück für Stück, in sich auf. Immer nur ein kleines Stück. Sodann zog sie sich wieder zurück. Seine Lenden bebten und stießen verlangend nach ihr. Sie wiederholte ihre Sexspielchen einige Male, bis auch sie selbst es nicht mehr aushielt. Sodann suchte sie die Kühlbox, die sie in weiser Voraussicht neben ihrem Nachtlager bereitgestellt hatte. In dieser befanden sich Eiswürfel. Bianca nahm zwei Eiswürfel aus der Box. Langsam ließ sie die Eiswürfel über Peters Körper gleiten. Er war komplett in einer anderen Welt. Vielleicht auch in einem anderen Universum. Das Gefühl, das die kalten Eiswürfel auf seinem Körper hinterließen, war für ihn unbeschreiblich. Die hinterbliebenen Wassertropfen verdunsteten schnell auf seinem stark erhitzten Körper. Peter wusste nicht, wie ihm geschah. Er war so geil. Bianca hatte ein Nachsehen und ließ seinen Phallus tief in sich gleiten. Langsam fing sie an, sich zu bewegen. Ließ Peters Penis in und aus ihrer Vagina ein- und ausfahren.

Bianca wollte sich Peters Zärtlichkeiten nicht entziehen und löste seine seidenen Handfesseln, selbst vor Wollust zitternd. Aus der Fesselung befreit, zog Peter sich schnell die schwarze Augenbinde auf seinen Hals hinunter. Er wollte seine schöne Frau sehen. Seine Hände strichen über Biancas Körper und liebkosten ihre festen Brüste.

Beide bewegten sich im Gleichklang. Immer schneller. Beide schrien vor Verlangen und Entzücken laut auf. Bianca fing an zu zucken. Ihre Klitoris krampfte. Peter spritzt sein Erbgut in Biancas Vagina. Durch ihre Kontraktionen wurde sein Penis immer wieder von ihrer Klitoris zusammengepresst. Es war ein Hochgefühl für beide. Gemeinsam erlebten sie einen explosiven Höhepunkt. Lange nach dem Geschlechtsakt lagen sie sich noch innig in den Armen.

„Na, noch Hunger?“, fragte Bianca Peter erschöpft.

„Klar, mehr denn je“, antwortete Peter und nahm Bianca zärtlich in die Arme.

Volltreffer

Seit ihrem fünfzehnten Lebensjahr ging Bianca regelmäßig, mindestens dreimal in der Woche, zum Fitnesstraining. Seit geraumer Zeit trainierte sie in dem Frauenfitnessstudio einer ehemaligen Bodybuildingweltmeisterin. In dem Frauenstudio ihrer Wahl hatte sie sich gemeinsam mit ihrer Freundin Claudia drei Jahre zuvor angemeldet.

Gleich nach ihrem Feierabend trafen sich die beiden Frauen fortan in diesem „Drangsalierungskeller" regelmäßig. Häufig trainierte die ehemalige Weltmeisterin selbst in ihrem Studio. Oft genug auch gemeinsam mit Bianca und Claudia. In dieser „Eisenfolterkammer" zog und hob Bianca so manches Gewicht, bis sprichwörtlich die Schwarte krachte. Bianca war sportfanatisch und körperkultbesessen. Sie besuchte mit Claudia zusätzlich zum Krafttraining noch diverse Powerfitnesskurse. Selbstverständlich wurden die Bauchübungen exorbitant häufig wiederholt. Welche Frau will schon nackt mit einer Wampe vor dem Partner stehen?

Biancas Devise war: *Ausgezogen ist angezogen. Das Auge isst mit.* Damit der Trainingseffekt der einzelnen Bauchübungen noch größer wurde, arbeitete Bianca mit zusätzlichen Gewichten und Eisenscheiben, die sie sich auf ihren nicht vorhandenen Bauch legte.

Der Arztbesuch bezüglich der Babyplanbesprechung bei dem Gynäkologen ihres Vertrauens lag schon vier Monate zurück. Bianca und Peter hatten weiterhin sehr regelmäßig sehr heißen und immer ungeschützten Sex.

Eines schönen Tages wunderte sich Bianca während ihres Trainings über heftige Bauchschmerzen. Konnten diese Beschwerden etwa ihren Leisten zuzuordnen sein?

Hatte sie während ihrer sportlichen Aktivitäten ihrem schmalen Körper zu viel zugemutet?

Ihr Schwiegervater hatte sich vor einigen Wochen einer Leistenbruchoperation unterzogen. Hatte sie etwa ihre geliebten Bauchtrainingseinheiten übertrieben? Hatte auch sie sich einen Leistenbruch zugezogen?

Selbst schuld. Blöde Kuh!, schimpfte sich Bianca, als sie sich nach einem harten Trainingsabend ihren Sportdress aus- und ihre Straßenkleidung anzog.

Der gesamte Unterleib tat ihr weh.

Vielleicht solltest du mal zum Arzt gehen, spann sie ihren Gedanken zu Ende. Am Abend des folgenden Tages grummelte es sehr stark in ihrem Bauch.

Bianca und Peter kuschelten gemütlich auf ihrer Couch und wollten sich einen romantischen Schmusefilm auf Video ansehen.

„Was habe ich nur gegessen? Es grummelt und rummelt in meinem Bauch. Das ist doch nicht normal. Wahrscheinlich habe ich irgendetwas gegessen, was ganz fürchterlich bläht", murmelte Bianca Peter verzweifelt zu. Peter lachte und sagte zu ihr:

„Dann lass doch die Luft endlich raus. Einmal kräftig pupsen, dann geht es dir gleich besser." Von wegen besser. Der Pups kam und kam nicht raus. Die Krämpfe wurden immer schlimmer.

„Wenn die Krämpfe nicht besser werden, gehe ich gleich morgen zum Arzt", jammerte Bianca.

Peter schaute sie bedröppelt an. „So schlimm?", fragte er mit echtem Mitleid in seiner Stimme.

„Noch viel schlimmer", schluchzte Bianca und verzog ihr Gesicht vor Schmerzen. Peter sprang vom Sofa, auf dem es sich die beiden bequem gemacht hatten, auf. Ging in die Küche und stellte einen Wasserkessel mit Wasser zum Kochen auf die

Herdplatte. Damit es schnell ging, schaltete er den Schaltknopf des Herdes auf Stufe neun. Wenige Minuten später pfiff die Flöte des Wasserkessels. Peter füllte das kochende Wasser den Beutel einer Wärmflasche. Vielleicht würde die Wärme helfen, Biancas Krämpfe zu lindern und die Luft aus ihrem Bauch sanft hinausleiten. Wenige Minuten später kam Peter mit einer gefüllten Wärmflasche zurück ins Wohnzimmer.

Bianca lag, wie er sie verlassen hatte, mit angezogenen Beinen auf der Couch. Er legte das von ihm mit kochend heißem Wasser gefüllte, in den Plüschmantel einer gelb-schwarz gestreiften Tigerente hineingezwungene Gummigefäß auf den Bauch seiner Angetrauten. „Aua, heiß!“, schrie Bianca auf, als sie die Wärmflasche auf ihrem Bauch in Empfang nahm.

„Quak, quak, quak. Du hast auch immer was zu quaken“, sagte Peter beleidigt.

„Mein Schatz, du bist soooo süüüßßß“, säuselte Bianca Peter versöhnlich ins rechte Ohr. Tatsächlich bewirkte die Wärmflasche, dass Bianca auf ihrer grauen Büffelledercouch sanft einschlief.

„Du schnarchst“, hörte sie Peter aus der Ferne schimpfen.

Es hinderte sie jedoch nicht ansatzweise daran, weiter tief ins Land ihrer Träume einzutauchen. Peter hatte seine Frau, die sich von ihm nicht beim Schnarchen hatte stören lassen, fürsorglich ins Schlafzimmer getragen, nachdem er bemerkt hatte, dass sie tief und fest schlief. Vorsichtig, ganz sanft hatte er sie ins gemeinsame rote Ehebett auf ihre rechte Schlafseite gelegt.

Bianca schlief die ganze Nacht, wie ein Murmeltier, ohne noch einmal aufzuwachen, ruhig durch. Am nächsten Morgen wurden Peter und sie pünktlich um sechs Uhr durch das laute Hahnenkrähen ihres Weckers aus ihren Träumen gerissen. Bianca fühlte sich nach dem unsanften Aufwachen nicht besser. Es blieb ihr somit nur ein Weg: der Weg zum Arzt.

Unter gemeinen Bauchkrämpfen stand Bianca auf. Peter blieb mit einem Stirnrunzeln noch in seinem Bett liegen. Langsam und behäbig schleppte Bianca sich ins Badezimmer. Müde stieg sie in die Duschwanne und stellte den Thermostatregler des Hahns schön warm ein. Genau genommen duschte sie fast heiß. Schwerfällig zog sie sich nach dem Versuch, ihre Lebensgeister zu wecken, an. An den Weg zur Arbeit war unter diesen Umständen nicht einen Augenblick lang zu denken. Peter, der in der Zwischenzeit auch aufgestanden war, in Windeseile Körperpflege betrieben und sich angezogen hatte, sah die Qualen seiner Frau. Fürsorglich rief er ihren Arbeitgeber an. Am anderen Ende der Leitung nahm Biancas direkte Kollegin den Hörer ab. Peter erklärte ihrer Arbeitskameradin kurz den Sachverhalt. Er meldete Bianca zunächst für diesen Tag krank. Er teilte ihrer Kollegin jedoch mit, dass es gut möglich wäre, dass sie auch in den kommenden Tagen auf der Arbeit ausfallen könnte. Genaueres wüsste man jedoch erst nach dem Arztbesuch. Bianca erschien, nachdem sie sich für den Antritt bei ihrem Doktor aufgehübscht hatte, abmarschbereit vor Peter. Dieser hatte erst wenige Minuten zuvor den Telefonhörer wieder auf die Gabel gelegt. Er war gerade im Begriff, seinen Autoschlüssel aus der im Flur auf dem Schuhschrank stehenden Edelstahlschüssel zu greifen.

Mit hängenden Schultern und eingezogenem Kopf schlug Bianca rund zwanzig Minuten später in der Praxis ihres Internisten auf. Bianca musste als Schmerzpatientin nur kurz warten. Sodann konnte sie in das Sprechzimmer des Arztes huschen und nahm auf einem Stuhl gegenüber dem imposanten Schreibtisch des Medizinmanns Platz. Nachdem der Arzt das Sprechzimmer betreten hatte, bat er Bianca, ihm ihre Beschwerden zu schildern. Der Mediziner war ein von Grund auf gewissenhafter Vertreter seines Berufsstandes. Er untersuchte Bianca gründlich. Der Facharzt für Inneres war nach seiner ausführlichen Untersuchung der festen Überzeugung, dass sich Bianca Leistenanrisse zugezogen hatte. Sowohl an ihrer rechten als auch an ihrer linken Leiste. Seiner Meinung nach bei ihren exzessiven Trainingseinheiten im Fitnessstudio.

„Frau Schneider, Sie haben ganz eindeutig Ihr Trainingspensum übertrieben. Ich denke, es sind Leistenanrisse. Um meine Diagnose zu bestätigen, möchte ich Sie bitten, sich der Untersuchung bei einem Radiologen zu unterziehen. Dieser wird im Rahmen einer Kernspintomografie Aufnahmen anfertigen. Diese Aufnahmen werden meinen Verdacht gewiss attestieren." Der Medikus überwies Bianca an einen ihr bekannten Radiologen in ihrem Stadtteil. In dessen Praxis sollte das Screening vorgenommen werden. Sie nahm die durch den Heilkundigen ausgefüllte und von einer seiner Helferinnen überreichte Überweisung entgegen.

Kaum hielt sie die Überweisung in ihren Händen, hatte sie eine Vorahnung. Bianca konnte sich das in ihr auf kommende Gefühl nicht erklären. Plötzlich glaubte sie zu wissen, woher ihre Beschwerden kamen. Sie war sich sicher, dass sie die Überweisung zu dem Strahlenkundigen nicht benötigen würde.

Schweigend verließen Peter und Bianca die Praxis ihres Internisten. Hand in Hand gingen sie zu ihrem Auto. Dieses stand direkt vor dem Haus des Arztes. Gemeinsam fuhren die beiden Schneiderlein schweigend nach Hause. Jeder hing seinen Gedanken nach.

Kaum in ihrer Wohnung angekommen, setzte Bianca sich in ihrem großen Wohnzimmer an ihr grünes Telefon.

Bianca wollte ihre Eingebung in Gewissheit umwandeln. Sie glaubte zu spüren, dass eine ihrer Eizellen während einer ihrer vielen „Turnübungen" mit Peter von einem seiner Samenfäden befruchtet worden war. Bianca holte sich telefonisch einen Kontrolltermin bei ihrem Gynäkologen. Die Audienz bei ihrem Facharzt wurde ihr ganz kurzfristig, bereits zwei Tage nach ihrem Anruf, gewährt.

Der Tag, der Realität ins Auge zu sehen, kam. Als Doktor Barsch Bianca untersuchte, fragte er sie spitzbübisch:

„Nun, Frau Schneider? Wollen Sie es sehen?"

„Wie jetzt, was sehen?", fragte Bianca irritiert. Jemand stand ganz offensichtlich auf ihrer Leitung. „Was möchten Sie mir denn zeigen?", fragte sie ihren Gynäkologen naiv.

„Na, zum Beispiel Ihr ungeborenes Baby", antwortete Doktor Barsch lachend.

Bianca konnte nicht glauben, was der Arzt soeben diagnostiziert hatte. Ihre Eingebung stimmte also. Sie hatte recht. Doch hatte *er* ihr nicht gesagt, dass sie frühestens nach einem Jahr Pillenpause schwanger würde? Angeblich lagen ihm diesbezüglich doch eindeutige Statistiken vor. Jetzt sollte sie rund fünf Monate nach der zurückliegenden Untersuchung schon schwanger sein? Konnte ihr Ungeborenes sogar schon sehen? Ihre Gedanken überschlugen sich.

„Wie weit bin ich denn?", stotterte Bianca.

„In der siebzehnten Woche."

„Was? So weit schon? Wie ist das möglich?"

„Wenn Sie es nicht wissen…", gab ihr Mediziner ihr schmunzelnd zur Antwort.

„Das meine ich nicht. Wie mein Mann und ich das hingekriegt haben, ist mir schon bewusst. Ich meine, ich habe doch noch eine Regelblutung gehabt. Ich habe nichts gemerkt. Erst jetzt. Seit ein paar Tagen. Meine Blähungen, die gemeinen Bauchschmerzen, die starken Unterleibsbeschwerden."

„Das kann schon einmal vorkommen. Selten zwar, aber es kommt vor. Sie haben abgeblutet. Ihre Blähungen sind in Wirklichkeit ein Zeichen für das Wachsen Ihrer Gebärmutter, und die Unterleibsschmerzen sind die wachsenden Gebärmutterbänder."

Bianca wusste in diesem Augenblick nicht, ob sie sich freuen oder weinen sollte.

Die Bestätigung ihrer Vermutung überrumpelte sie. Damit hatte sie nicht wirklich gerechnet. Nun, wo sich ihr Verdacht, ihre Vermutung, ihre Intuition bestätigte, war sie komplett durcheinander.

„Ihre Gebärmutter hat sich noch nicht ganz aufgerichtet. Sie liegt noch weit hinten. Ihr Uterus wird sich in den kommenden Wochen aufrichten. Es wird bestimmt keine Komplikationen geben. Keine Sorge."

Bianca war völlig vor den Kopf geschlagen. Doktor Barsch freute sich spitzbübisch.

„Sagten Sie nicht, dass eine Befruchtung einer meiner Eizellen unter den gegebenen Umständen laut Wahrscheinlichkeitsberechnung nicht unter einem Jahr dauern wird?", fragte Bianca mit einer Stimmlage, die auf Krawall gebürstet war.

„Ja, ich erinnere mich noch gut an unser Gespräch. Doch manchmal kommt es eben doch anders, als man denkt. Herzlichen Glückwunsch! Wollen wir jetzt mal sehen, was es wird?" Doktor Barsch überhörte Biancas konfliktsuchende Stimmlage. Was für eine Frage! Klar wollte die werdende Mutter sehen, was es wird. Wer, wenn er ehrlich ist, hätte diese Situation nicht genutzt? Das Geschwafel: „Ich möchte gar nicht wissen, was es wird. Ich warte, bis es auf der Welt ist", ist doch *Pseudogemurmel.* Jedenfalls war das Biancas Meinung.

„Ups!, jetzt pieschert er", bemerkte Doktor Barsch.

Well done, dachte Bianca. Es wird also ein Junge. Ein Erbprinz. Ein Stammhalter. Schon sprach sie ihren Gedanken laut aus. Sie erhoffte sich insgeheim eine Bestätigung.

„Soso. Ein Junge wird es also", entgegnete sie dem Gynäkologen ihres Vertrauens. Inzwischen war Biancas Wut gegenüber dem Arzt wegen der falschen Annahme bezüglich ihrer Fruchtbarkeit verraucht.

„Ja, mit ziemlich großer Wahrscheinlichkeit. Eine einhundertprozentige Aussage zu dem Geschlecht werde ich Ihnen jedoch nicht geben. Ich hoffe, das können Sie verstehen. Stellen Sie sich vor, ich sage, es wird ein Junge, und es wird ein Mädchen geboren. Es bleibt immer ein Restzweifel."

Bianca nahm schweigend das ihr seitens Doktor Barsch gereichte Zellstofftuch in ihre rechte Hand. Sie säuberte sich ihre kleine Bauchwölbung, die sich nun, da sie wusste, dass sie schwanger war, komplett anders anfühlte als noch vor einer halben Stunde.

Doktor Barsch sah Bianca interessiert an.

Glücklich sah sie aus. Man sah ihr an, dass sie sich auf ihr Kind freute.

Sie grinste wie ein Honigkuchenpferd. Bianca war ganz offensichtlich sehr glücklich.

Ein wohlig warmes Gefühl machte sich in ihrem Körper breit. So schnell hatte sie nicht damit gerechnet.

Sie zog sich langsam an. Dr. Barsch hatte das Untersuchungszimmer schon verlassen. Die vor der Untersuchung eingetretene Helferin beschäftigte sich mit diesem und jenem. Doktor Barsch hatte Bianca beim Hinausgehen gebeten:

„Frau Schneider, wenn Sie sich angezogen haben, kommen Sie doch bitte an die Anmeldung."

Bianca ließ sich mit dem Ankleiden Zeit. Sie war nun schwanger. Als sie sich endlich angezogen hatte, verließ sie freudig das Untersuchungszimmer und schaute interessiert ins Wartezimmer gegenüber. Dort sah sie eine Hochschwangere sitzen.

Bianca lächelte. Auch sie war nun schwanger und sah den baldigen Mutterfreuden entgegen. Bianca trat an den Tresen der Anmeldung. Dort nahm sie den ausgestellten blauen

Mutterpass, in dem ihre Untersuchungsergebnisse eingetragen worden waren, freudestrahlend von der älteren Helferin, Frau Barsch, entgegen.

Doktor Barsch kam ihr beim Hinausgehen auf dem Flur der modernen Praxis noch einmal aus einem der Behandlungsräume entgegen.

„Wir sehen uns von jetzt an regelmäßig. Ich möchte Sie ganz eindringlich bitten: Achten Sie auf Ihr Gewicht. Das ist ganz wichtig. Sie müssen und sollen definitiv nicht für zwei essen."

Was glaubte er denn von ihr? Bianca war empört.

Erwiderte ihrem Arzt jedoch nichts. *Es gibt Menschen, da sind Zunge und Gehirn definitiv entkoppelt,* dachte sich Bianca und ging schmunzelnd weiter in Richtung Praxisausgang.

Sie wog bei ihrer letzten Gewichtskontrolle vierundfünfzig Kilo. Beim ärztlichen Wiegecheck wog sie sechsundfünfzig Kilo – und das, obwohl sie schon in der siebzehnten, laut Untersuchungsergebnis bereits Ende der siebzehnten, Anfang der achtzehnten Schwangerschaftswoche war. Was glaubte er denn von ihr?

Du bist schon ein Blödmann, dachte Bianca und verließ innerlich jubelnd die Praxis ihres Arztes. Zu Hause, vor „ihrem" roten Mehrfamilienhaus Baujahr 1927 – roter Backstein, grundsolide – angekommen, konnte Bianca nicht schnell genug die Treppen ihres Königreichs erklimmen. Die Eingangstür der Wohnung war verschlossen. Peter war demnach noch nicht zu Hause. Schade. Bianca wollte ihre gute Botschaft schnellstmöglich verkünden. Nun musste sie auf Peters Ankunft warten. Bianca war komplett aus dem Häuschen. Sie war aufgeregt. Die Zeit verging im Schneckentempo.

Wo blieb er nur? Völlig genervt sah Bianca auf ihre große Armbanduhr. Ein Geburtstagsgeschenk von Peter. Zu ihrem Sechsundzwanzigsten. Bianca liebte große Herrenarmbanduhren. Tachometer. Peter hatte, wie immer, das passende Geschenk für sie gefunden. Immer wieder sah Bianca genervt auf ihre schwarze Armbanduhr. Peter müsste bereits seit Ewigkeiten zu Hause sein. Sicher, er war in der Examensendphase und musste viel für seine Abschlussklausuren tun. Er war ja mit gut dreißig Lenzen auch nicht mehr der Jüngste. Seine Kommilitonen waren alle etliche Jahre jünger. Dennoch, es gab keine Entschuldigung für sein Zuspätkommen. Er wusste doch, dass sie heute einen Termin beim Gynäkologen hatte. Hatte er den Untersuchungstermin etwa vergessen? Schussel! Doch da hörte sie ihn endlich kommen. Ein Schlüssel wurde von außen in der Wohnungstür herumgedreht.

Bianca hörte Stimmen. Stimmen?

Das durfte ja wohl nicht wahr sein! Er hatte doch nicht tatsächlich an *diesem* Tag jemanden mitgebracht?

Tatsächlich. Bianca hatte sich nicht verhört.

Zwei Männerstimmen, tonal ganz unterschiedlich, schallten aus dem hinteren Flurbereich in Richtung Wohnzimmer.

Babyproduktion – Klappe 3

Peter kam nicht alleine. Er hatte einen Kommilitonen, Thorsten, mit dem er häufig für Klausuren paukte, in seinem Schlepptau.

„Na, mein Schatz", kam Peter freudig, übers ganze Gesicht strahlend, auf Bianca zugeschlendert, die mittlerweile ihrem Mann auf dem langen Flur entgegenging.

„Was sagt der Arzt unseres Vertrauens?"

So, das war schon mal geklärt. Vergessen hatte ihr Göttergatte den Arzttermin nicht. Bianca tat ihren Unmut vor Thorsten nicht kund. Die Klärung seines Zuspätkommens als auch die Diskussion über die winzige Kleinigkeit, dass er diesen arroganten Pinsel, Thorsten, an einem so wichtigen Tag, *dem Tag der Klärung ihrer Fruchtbarkeit,* mit in ihre Wohnung genommen hatte, hob sie sich für später auf. Bianca hasste es, wenn Erwachsene sich nicht vor anderen im Griff hatten. Zwist und Streitigkeiten wurden im Hause Schneider generell nicht vor Dritten ausgetragen.

Bianca konnte sich noch gut an all die vielen Streitigkeiten sowohl zwischen ihren leiblichen Eltern als auch zwischen ihrer Mutter und ihrem Stiefvater erinnern. Ihre Mutter liebte die öffentliche Bühne. Sie fand es offensichtlich erforderlich, sich vor Publikum in Szene zu setzen.

Bianca hatte aus diesem Miteinander ihre Lehre gezogen.

„Kommt, lasst uns ins Wohnzimmer gehen. Ich habe etwas zu verkünden", sagte Bianca und fasste Peter an seiner rechten Hand.

Der kleine Konvoi setzte sich in Richtung Wohnzimmer in Bewegung.

„Tja, Peter, ich denke, du solltest dich setzen", sagte sie mit einem Augenaufschlag in Peters Richtung, der mehr als hollywoodreif war.

Er befolgte ihre Aufforderung artig ohne Murren und setzte sich auf die graue Ledercouch. Thorsten blieb in der Wohnzimmertür stehen. Er wusste nicht, was er machen sollte, er wirkte unsicher und war ein wenig verlegen. Er kam sich ausgesprochen deplatziert vor.

„Schatz, wir werden Eltern!", platzte es aus Bianca heraus.

Peter sprang von der Couch auf, nahm Bianca in seine Arme und wirbelte seine kleine Frau herum.

„Das ist ja fantastisch! Ich freue mich riesig! Thorsten, hast du das gehört? Ich werde Vater!" Peter war unendlich glücklich. Er war komplett aus dem Häuschen. Er war sprachlos, wortlos. Seine Gedanken überschlugen sich. Keines klaren Gedankens fähig, umarmte er Bianca wieder und wieder. Er küsste sie. Zunächst flüchtig. Dann wurden seine Küsse inniger. Immer wilder und ungestümer. Sanft öffnete Peter Bianca mit seiner Zunge den Mund. Bianca spürte seine Zunge in ihrem Mund. Er war spitz wie Nachbars Lumpi. Steckte Bianca mit seiner Gier förmlich an. Beide vergaßen Raum und Zeit. Leider auch Peters Kommilitonen Thorsten. Dieser räusperte sich, um die Situation noch zu retten. Er hatte zwar nichts dagegen, dem Begattungsakt, der sich vor seinen Augen anbahnte, weiter zuzusehen, fand die Gesamtsituation jedoch unpassend. Auch wollte er den beiden eine Möglichkeit bieten, die peinliche Situation zu retten. Nun lag es einzig an den beiden. Betreten nahmen Peter und Bianca sich zurück. Biancas Gesicht bekam einen schönen, tiefen Rotton. Ein toller Teint. So schnell es ihre kleinen Füße der Schuhgröße sechsunddreißig zuließen, lief Bianca zu ihrer großen braunen Handtasche. Diese hatte sie bei ihrer Ankunft lieblos in den Flur zwischen Schuhschrank und Garderobe geworfen.

„Ich habe noch etwas für dich", raunte sie Peter im Sprint zu ihrer gut gefüllten Handtasche zu und wühlte aufgeregt in dieser herum.

Schließlich fand sie, was sie suchte. Das Beweisfoto. Doktor Barsch hatte ihr ein Ultraschallfoto ihres ungeborenen Babys … vermutlich ein Junge … mitgegeben. Als sie Peter das Ultraschallbild, das erste Foto seines Kindes unter seine Stupsnase hielt, war dieser überwältigt von seinen Gefühlen. Hatte Bianca da sogar eine Träne über seine Wange rollen sehen? Sie war sich nicht sicher. Sicher war nur, dass sich Thorsten nunmehr zu seinem Abflug aus ihrer Wohnung bereit machen musste. Der Umstand der bevorstehenden Veränderung des Familienklans – von der kuscheligen Zweisamkeit zu der bevorstehenden Dreisamkeit – musste gebührlich in Zweisamkeit gefeiert werden. Zu dieser Feierlichkeit war kein Besucher zugelassen. Bianca nahm Peter beiseite und flüsterte ihm wilde Sexträume ins Ohr.

Bianca war klug und ließ Peter ausreichend Zeit, sich von seinem Kommilitonen Thorsten zu verabschieden. Sie war, nachdem sie sich von Thorsten verabschiedet hatte, in ihr Schlafzimmer gehuscht, um sich aus- und entsprechend ihrem Vorhaben wieder anzukleiden. Sie ging zu ihrem Kleiderschrank und entnahm diesem einen roten, transparenten Body, halterlose rote Nahtnylonstrümpfe sowie einen roten Tanzgürtel. Zog sich Bein für Bein ihre roten, halterlosen Nylonstrümpfe mit der Naht nach hinten an. Schlüpfte sodann in ihre bereitstehenden hohen schwarzen Pumps mit einem Pfennigabsatz von mehr als zehn Zentimeter Höhe. Sie klippte die oberen Enden der Strümpfe zum Schluss an ihrem roten Tanzgürtel fest. Rückte ihren Busen in Position und betrachtete sich kritisch in ihrem großen Schlafzimmerspiegel. Bianca war gerade mit ihrer Begutachtung fertig, da öffnete Peter auch schon erwartungsvoll die geschlossene Schlafzimmertür. Er hatte Bianca nicht lange warten lassen. Als er das Schlafzimmer betrat, stand seine schöne Ehefrau prüfend vor dem Schlafzimmerspiegel. Peter war bei ihrem Anblick sprachlos. Was er zu sehen bekam, übertraf seine kühnsten Fantasien. Sein Testosteron übernahm die Führung seines Körpers und seines Geistes. In ihrem verführerischen transparenten Dessous raubte Bianca ihm den Verstand. Er war ihr Sklave. Dieses ungeheuerliche Outfit ließ ihren herrlich geformten Körper im rechten Licht erscheinen. Peter sah, dass Biancas Brustwarzen sich steif aufgerichtet hatten. Ein Indiz dafür, dass sie ebenso erregt war wie er. Bianca tanzte in ihrer verführerischen Unterwäsche vor ihm auf und ab. Sie heizte ihm mächtig ein. Bianca rieb ihren Po an seinem Schoss, an seinem Schritt, sodann drehte sie sich um. Öffnete langsam den Reißverschluss seiner Jeanshose. Ihre rechte Hand suchte den Eingang zu seinem Königreich. Sanft streichelte sie die große Beule in seinem Slip. Sein hartes Glied sprang Bianca förmlich entgegen. Sie rieb seinen Phallus sanft mit ihrer rechten Hand. Peter brodelte innerlich. Sein Blut kochte vor purem Verlangen. Er war nicht nur heiß, nein, er war am Glühen. Bianca lächelte. Sie befreite ihren Gatten aus seiner Zwangslage. Legte seinen Penis frei. Anschließend legte sie ihre Arme um Peters Hals und schwang sich sportlich auf seinen Schoß. Peter spürte die Feuchtigkeit ihrer Schenkel. Bianca trug keinen Slip. Sie nahm seinen Kopf und dirigierte diesen direkt in ihr tiefes Dekolleté. Sodann zog sie ihren BH, so gut es mit einer Hand ging, aus. Geil ließ sie Peter an ihren stehenden Brustwarzen lecken und saugen. Bianca stöhnte auf. Peter sah ihr Verlangen in ihren grünen Augen.

„Na, schon bereit?“, flüsterte Bianca Peter leise ins Ohr. Peter nickte. Mit tiefer, belegter Stimme presste Peter leise:

„Ich halte es kaum noch aus” heraus.

Bianca lächelte. Sanft setzte sie sich auf Peters Phallus. Mit heißen, rhythmischen Bewegungen ritt Bianca Peter in eine tiefe Ekstase. Peter hatte viel zu tun, um nicht sofort zu ejakulieren. Seine Konzentration wurde zu einhundert Prozent gefordert. Als Bianca bemerkte, dass er kurz vor seinem Orgasmus stand, löste sie ihre Arme von seinem Hals und erhob sich sanft.

„Noch nicht!", rief sie ihrem geilen Ehemann beim Loslassen zu. Peter spürte, wie sich seine Fußballerhoden zusammenzogen. Alles in ihm bebte und zuckte. Er konnte nicht garantieren, nicht doch noch zu ejakulieren. Plötzlich, für Peter ganz unerwartet, tauchte Bianca mit Eiswürfeln in ihrer rechten Hand auf.

Als kluge Frau hatte sie vorgebaut und erneut eine Kühlbox mit Eiswürfeln für das eine oder andere heutige Event an ihrer Bettseite bereitgestellt. Nun war es an der Zeit, ihre Zauberwürfel zum Einsatz zu bringen. Bianca rieb zwei kalte, feuchte Eiswürfel über Peters mächtigen Penis. Prompt kühlte sein Glied herunter. Die Eiswürfel verfehlten ihre Wirkung nicht. Umgehend sank Peters starke Geilheit in den Keller. Er hatte das Gefühl, einen Eiszapfen statt einen Penis in der Mitte seines Körpers zu besitzen.

Bianca bemerkte Peters Stimmungswandel. Sie ging mit ihrem Kopf auf Tauchstation. Sie küsste Peters Bauchnabel. Bianca spürte seinen muskulösen Körper. Sanft küsste sie seine Lenden, um sodann mit ihren sinnlichen Lippen erneut seinen erigierten Penis zu liebkosen. Sie ließ während ihres Blowjobs ihre Zunge über Peters Eichel tanzen.

Innerhalb weniger Sekunden war Peter erneut zum Koitus bereit. Er war binnen weniger Minuten wieder voll einsatzfähig. War vor allem richtig scharf. Lustvoll fuhr Peter mit seinen Händen zu Biancas lockendem Spalt. Sein Zeige- als auch sein Mittelfinger drangen tief in ihre feuchte Grotte ein. Peter spürte Biancas Feuchtraumgebiet. Ihre aufschäumende Lust zu spüren, machte ihn scharf. Plötzlich, ohne Vorankündigung, packte Peter Bianca hart. Er ließ sie ihr linkes Bein auf einen in der Nähe stehenden Stuhl stellen. Sodann drang Peter von hinten, im Stehen, tief in Biancas Vagina ein. Bianca in dieser Stellung zu spüren, zu spüren, wie sich ihre Scheide wieder und wieder zusammenzog, entfachte in Peter ein Gefühl der totalen sexuellen Erregung. Bianca stöhnte laut. Sie presste Peter ihr

Becken, ihren knackigen Po entgegen. Peter spürte, wie Nässe an ihren Beinen hinunterlief. Die beiden konnten sich kaum zügeln. Immer wieder schlug Peter Bianca hart mit der Hand auf ihre beiden Pobacken. Er beschleunigte seinen Rhythmus ungestüm. Beide konnten ihre Wollust, ihre Geilheit kaum noch unter Kontrolle bringen. Nach ein paar weiteren kurzen, sehr tiefen Stößen schrie Bianca lüstern auf, so kehlig, so tief, dass es für Peter akustisch kaum überhörbar war, dass Bianca gleich kommen würde. Auch er konnte nicht mehr lange an sich halten. Beide ejakulierten kurz hintereinander. Beide verspürten eine Woge der süßen Erlösung ihrer Wollust. Beide waren erschöpft und von einer tiefen Befriedigung nach ihrer erotischen Erlebnisreise erfüllt.

Einsteins Relativitätstheorie traf für Peter und Bianca definitiv zu, wenn sie beide zusammen waren. Zeit war in ihrem kleinen Universum relativ. Peter stolzierte nach der erfolgreichen Sinneserlebnisreise nackt in die Küche. Er wollte für Bianca und sich eine Flasche trockenen Rotwein öffnen. Das würde die gute Stimmung zwischen ihm und Bianca weiter anheizen. Einen schönen, trockenen Merlot, Jahrgang 1985. Ein guter Jahrgang.

Der Schlüssel zum Erwerb von Fähigkeiten liegt in den Wiederholungen, dachte Peter schmunzelnd.

In der stillen Hoffnung, dass Bianca ihm in die Küche folgen würde. Kaum hatte er seinen Gedanken zu Ende gedacht, hörte er hinter sich ein leises Klicken. Er horchte auf. Das Geräusch kam aus dem Wohnzimmer. Sein Interesse, seine Neugier waren geweckt. Schnellen Schrittes legte er den langen Flur von der Küche zum Wohnzimmer zurück. Neugierig wollte er nachschauen, was und/oder wer dieses Geräusch verursacht hatte. Da spürte Peter, dass Bianca direkt hinter ihm stand. Er hatte sie nicht sehen können. Er hatte sie jedoch gerochen. Er hatte den Duft ihres und seines Lieblingsparfums, „Flowerbomb“

von Viktor & Rolf, tief eingeatmet. Noch ehe er das ganze Geschehen realisieren konnte, klickten ein paar Handschellen. Er hatte recht behalten. Seine Frau war ihm gefolgt. Bianca führte Peter zurück in die Küche. Sie nahm jedoch keinerlei Notiz von der geöffneten Rotweinflasche und den beiden Weingläsern, die Peter als „Wiederholungstropfen" ihrer Sexparty auf der schwarzen Granitarbeitsplatte hatte stehen lassen. Bianca hatte ganz andere Gedanken im Kopf. Sie delegierte Peter dominant auf einen der beiden freien Küchenstühle.

„Setz dich!", befahl sie ihm in einer hocherotischen Stimmlage. Peter gehorchte brav. Er setzte sich auf einen der freien Küchenstühle. Eine Hand, die rechte Hand, schon in Handschellen, die linke Hand noch nicht gefesselt. Bianca raunte ihm mit rauer Stimme zu: „Leg deine linke Hand hinter deinen Rücken!"

Peter tat, wie Bianca ihm befahl. Er stellte keine Fragen. Sodann klickten die Handschellen hinter ihm. Ein Blitz durchfuhr Peter heiß und kalt. Der Blitz ließ ihn förmlich erschauern. Biancas Anblick, ihr hauchzartes, transparentes Dessous, die Strapse. Ihre langen schlanken Beine steckten immer noch in dem Hauch aus Nylon. Ohne Umschweife gingen mit Peter die Gefühle durch. Die große Anspannung, unter der er stand, trieben ihm kleine Schweißperlen auf die Stirn. Etwas durchzuckte ihn. Die für ihn nicht steuerbare Situation machte ihn wuschig, es regte sich unkontrolliert alles in ihm. Er war so spitz. Er war Bianca ausgeliefert. Auch Bianca platzte fast vor sexueller Begierde. Ihren Mann hilflos, schutzlos, ergeben zu sehen, machte sie scharf.

Zwischen sieben und dreizehn Minuten sollte idealerweise ein sexuelles Stelldichein dauern. Der Akt zwischen den beiden dauerte stolze achtundfünfzig Minuten und neunundvierzig Sekunden.

Wachstumsalarm

Biancas Bauchumfang wuchs und wuchs. Sie nahm so schnell zu, dass die Umstandsmode, die sie sich nach der Eröffnung ihrer Schwangerschaft freudig gekauft hatte, schnell zu klein wurde. Die diversen Stellknöpfe, Bänder und andere erweiterbare Umfangverbreiterungsvorrichtungen der Schwangerschaftskleidung waren nach wenigen Wochen bereits alle ausgereizt.

Doch nicht nur das: Leider nahmen ab der einundzwanzigsten Schwangerschaftswoche auch ihre Schwangerschaftsbeschwerden zu. Beschwerden, die sie bis dato zum Glück nicht gehabt hatte. Bianca bekam außer ihrer nicht berechenbaren, rapiden Gewichtszunahme vorzeitige Wehen. Diese Kontraktionen waren wirklich schlecht für das ungeborene Leben in ihr.

Sie besuchte den Arzt ihres Vertrauens. Nach einer eingehenden Untersuchung verschrieb Biancas Arzt ihr zum Rückgang ihrer vorzeitigen Wehen eine mehrwöchige Bettruhe und ein wehenhemmendes Medikament. Einzig durch Bettruhe und die Einnahme der Medizin war das ungeborene Leben in ihr zu retten. Bianca war todtraurig. Was so gut angefangen hatte, drohte ein rapides Ende zu nehmen. Sie nahm die Bettruhe und die Medikamenteneinnahme sehr ernst. Bianca legte sich für zwei Wochen ins Bett und nahm die Medikamente entsprechend der Packungsbeilage ein. Sie ließ sich von Peter hinreichend verwöhnen. Doch leider sah es nach zwei Wochen nicht wirklich besser aus. Der ungeborene Junge in ihr musste weiterhin leiden. Bianca hatte in der Nacht stark geblutet. Die Gefahr war auch in der dreiundzwanzigsten Schwangerschaftswoche noch nicht gebannt. Wieder fuhren sie zu ihrem Medikus.

Diesmal verarztete er sie nicht mehr, sondern nahm umgehend telefonischen Kontakt zur Unifrauenklinik in Kiel auf.

Der Doktor überwies Bianca an eine ausgezeichnete, fachkundige Adresse. Sie wurde, nachdem sie mit Peter in dem Klinikgebäude angekommen war, in ein Zweibettzimmer mit einer weiteren Risikoschwangeren auf der Risikoschwangerenstation verfrachtet. Betreut wurde sie auf der Station für gefährdetes Leben vor der Geburt von dem leitenden Oberarzt der Klinik. Klasse. Auf dieser Station lagen tatsächlich auch Frauen, denen nicht geholfen werden konnte und die ihre Babys bereits verloren hatten. Die, wie sie, vorzeitige Wehen verspürt hatten. Bianca machte Bekanntschaft mit Frauen, die Toxoplasmose durch ihre Liebe zu Katzen oder durch den Genuss von rohem Schweine- oder Schaffleisch bekommen hatten. Denen man aufgrund der schweren Missbildungen ihrer Babys durch diese beschissene Krankheit zum Abbruch geraten hatte. Ein Schicksal war grausamer als das andere.

Biancas ungeborenem Sohn wurde über ihre Vene ein Medikament gegen eine mögliche Hirnblutung bei einer vorzeitigen Geburt gegeben. Intravenös bekam das ungeborene Leben über ihren Blutkreislauf zu seiner Sicherheit noch ein Medikament für seine Lungenreife verabreicht. Diese Maßnahmen sollten bei einer eventuellen vorzeitigen Entbindung sicherstellen, dass der kleine Knabe überleben würde. Bianca selbst wurde ein wehenhemmendes Medikament, der Wehenhemmer „Partusisten" zur täglichen, regelmäßigen Einnahme bis zur Entbindung verordnet. Das Partusisten diente ihrem Sohn als Lebensversicherung. Auf diesem Weg sollte gewährleistet werden, dass Bianca ihm weiterhin als „Brutkasten" dienen konnte. Unter der Einnahme der Tabletten konnte er bestenfalls seine lebenswichtigen Entwicklungsstufen erklimmen. Einzig durch dieses Medikament waren ihre ständigen Wehen in den Griff zu bekommen. Ohne dieses Wundermittel der Pharmaindustrie hätte Biancas ungeborener Sohn es definitiv nicht geschafft, länger in seiner Fruchtblase, in ihrer gut gepolsterten Gebärmutter behutsam von der Außenwelt abgeschirmt, zu schwimmen. Jeder Tag länger in ihrem Uterus half dem Kind, seine anstehende Geburt besser zu überleben. Es sollte sich ruhig noch eine Weile in ihrem Unterleib gemütlich einrichten. Bianca sprach am fünften Tag ihres Aufenthalts mit den Ärzten auf ihrer Station. Sie wurde in der Klinik unter all den vielen Leidenden, die den vielen Ungerechtigkeiten des Lebens hoffnungslos ausgesetzt waren, ganz trübsinnig. Sie musste raus aus dem Krankenhaus. Sie bat um eine vorzeitige Entlassung. Im Bett liegen konnte sie auch in ihrer Wohnung. Die junge Frau Schneider wurde zu ihrem Verdruss jedoch als Risikoschwangere eingestuft. Die Ärzte wollten sie nur mit ihrer schriftlichen Einwilligung aus der Klinik entlassen. Doch es gab noch eine andere Variante. Bianca wurde seitens der Ärzteschaft in Aussicht gestellt, sie könne das Klinikum ohne eigenes Risiko mit Genehmigung der Ärzte verlassen. Doch dies war an eine Bedingung gebunden. Sie musste sich bereit erklären, sich täglich zum Check-up in der Schwangerenambulanz der Klinik einzufinden. Natürlich war Bianca einverstanden. Hauptsache, raus aus der Abteilung der völligen Verzweiflung.

So kam es, dass Bianca ab dem Ende der dreiundzwanzigsten Schwangerschaftswoche jäh aus ihrem Berufsalltag herausgerissen wurde. Lediglich sechs Wochen nach ihrer Schwangerschaftsdiagnose. Für den Rest ihrer Schwangerschaft arbeitsunfähig, da bettlägerig. Einzig durch absolute Bettruhe war ein Fortdauern ihrer Schwangerschaft gewährleistet. Nur durch absolute Vernunft und Zuversicht war die Aussicht auf das Austragen ihres Kindes möglich, war eine für ihr Ungeborenes sichere Überlebenschance gegeben. Künftig wachte ihr Göttergatte mit Argusaugen über sie. Passte auf, dass sie ihre Tabletten immer pünktlich einnahm.

Aus Gründen der Sicherheit für das ungeborene Leben mussten die beiden Schneiderlein auf den Geschlechtsverkehr bis zum

Ende der errechneten Schwangerschaft, bis zur planmäßigen Entbindung ihres gemeinsamen Kindes, verzichten. Durch einen vollzogenen Geschlechtsakt bestand die Gefahr, dass sich Biancas vorzeitige Wehentätigkeit verstärkte. Die werdenden Eltern mussten besonnen sein. Beiden fiel die Prophylaxe zum Erhalt des ungeborenen Lebens in Biancas Uterus in den ersten Wochen nach der Diagnose schwer. Im Verlauf der weiteren Schwangerschaft hatten sie einen anderen Weg der Befriedigung gefunden.

Wenn Bianca Peters Triebe nicht befriedigen wollte oder, was auch vorkam, aus gesundheitlichen Gründen nicht konnte, benutzte Peter selbst seine beiden gesunden und äußerst geschickten Hände. Menschen sind halt auch nur Säugetiere und haben ab und an Bedürfnisse, die gestillt werden wollen. Bei Bedarf legte Peter seine Hände an seinen Phallus. Geschickt umkreiste er mit einem seiner Finger seine Eichel. Drückte und knetete diese. Mal sanft, mal fest. Parallel führte er intensive und schnelle Vor- und Rückwärtsbewegungen seiner Penishaut und seiner Vorhaut durch. Durch seine intensive Intimmassage kam er schnell zu seinem erfüllenden Orgasmus. Peter lebte während seiner Masturbationen wilde Sexfantasien mit Bianca aus. Bianca liebte ihren Mann und sah ihm durchaus dann und wann interessiert beim Masturbieren zu.

Bianca als Zuschauerin zu wissen steigerte sein Lustempfinden ungemein.

Sicherlich, Peter vermisste den Beischlaf mit Bianca. Ihm fehlte der ungestüme, wilde Sex. Jedoch machte Bianca ihn, wenn sie ihn via Blowjob befriedigte, glücklich. Ihr perfekter Handjob als auch ihr sanfter Blowjob befeuerte die eine oder andere seiner wilden Fantasien. Führte unweigerlich zum Erfolg. Peter war ihr dankbar für ihren Einsatz und ihren Einfallsreichtum.

Dann und wann gab sie ihm Gelegenheit, sie eingehend bei

ihrer Arbeit zu betrachten. Peter stellte dabei anerkennend fest, wie toll sie war.

Wie er es genoss, von „Ihrer Gnaden" Hände oder auch von „Ihrer Gnaden" Mund abhängig zu sein. Bianca ihrerseits gefiel während ihrer späten Schwangerschaft der Handjob sehr. Ihre Dominanz. Trotz ihrer Körperfülle, ihrer Unbeweglichkeit war sie die Aktive. Sie bestimmte, was wann und wie geschah. Sie sagte ihm, wenn sie ihn von hinten griff, wo es langging. Peter war ihr ausgeliefert. Wenn sie sich jedoch während des Handjobs an ihn presste, war es ein besonders inniges und intimes Erlebnis für beide. Besonders wenn Bianca sein Frenulum, sein kleines Bändchen zwischen Vorhaut und Eichel, sanft streichelte, es gar mit ihrer Zunge sanft massierte, ging Peter ab wie Schmitz' Katze. Es war die empfindsamste Stelle seines Körpers. Mit ihrem Wissen um seine empfindsame Stelle bescherte Bianca ihrem Mann fantastische Orgasmen.

Peter sah zu keinem Zeitpunkt der Schwangerschaft die Notwendigkeit, sich Betthäschen zur Befriedigung seiner Lust zu suchen. Eine solche Option kam für ihn zu keinem Augenblick infrage.

Bianca befriedigte Peter bis zum Ende ihrer Schwangerschaft ausschließlich mit Mund und Händen. Mal sanft. Mal hart. Mal wild. Peter kam jedes Mal auf seine Kosten. Bianca war innerhalb der letzten Wochen der Schwangerschaft für ihre Verhältnisse unvorstellbar gewachsen. Sie hatte an Leibesfülle tatsächlich ungewöhnlich viel zugelegt und war dazu extrem ungelenkig geworden. So ungelenkig, dass Peter großes Mitleid mit Bianca verspürte. Er wollte nicht, dass seine Frau mit ihrem unförmigen Körper Kunststücke vollbringen musste. Peter hatte weiß Gott keinerlei Probleme mit Biancas wuchtigem Leibesumfang. Nein, das Gegenteil war der Fall. Ihr umfangreiches Körperwachstum hatte durchaus seine für ihn unübersehbaren Vorteile. Ihr Busen wuchs und wuchs. Wenn er es nicht besser gewusst hätte, hätte er angenommen, ihre Brüste wuchsen täglich um einige Zentimeter. Pamela Andersons Brustumfang war nichts gegen den Brustumfang, den Bianca ab der Mitte ihrer Schwangerschaft vorzuweisen hatte. X XL-Hupen hatte sie. Groß, riesengroß. Wie Kürbisse waren ihre Brüste. Das bloße Ansehen ihrer nackten Wonnekugeln genügte Peter, um in die richtige Stimmung zu geraten. Er war halt auch nur ein Mann. Bianca konnte sich mit ihrem wachsenden Körper nicht anfreunden. Oft stand sie weinend vor dem Schlafzimmerspiegel und war traurig und verzweifelt. Sie aß nicht für zwei. Auch trank und ernährte sie sich ausschließlich gesund und dennoch … Bianca fühlte sich mehr und mehr unattraktiv, fett und hässlich. Sie fühlte sich oft wie ein gestrandetes Walross.

Schlimmer geht immer

Peters und Biancas ungeborener Sohn hatte es sich derweil im Sitzen in Biancas Gebärmutter bequem gemacht. Er hatte eine Steißlage eingenommen. Eine Beckenendlage. Die Hoffnungen der behandelnden Ärzteschaft, dass sich der kleine Kerl doch noch in die „Normstellung“, die Schädellage, drehen würde, erlosch mit jeder weiteren Schwangerschaftswoche. Eine risikoreiche Variante der Drehung war die äußere Wendung. Doch davon wollten weder Bianca noch die Ärzte etwas wissen.

An einem Tag im letzten Schwangerschaftsdrittel, Anfang des siebten Schwangerschaftsmonats, überkam Bianca die Lust nach mehr Informationen über Schwangerschafts- und Geburtsverläufe. Nicht dass sie nicht gerüstet gewesen wäre, weit gefehlt! Entsprechendes Leseequipment lag in ausreichender Zahl vor: Bücher mit Fotos, die durch die Bauchdecke der Schwangeren aufgenommen worden waren. Fotos, in denen die verschiedensten Entwicklungsstufen vom Embryo bis zum Baby im Mutterleib gut sichtbar dokumentiert waren, wie Bücher über die Namensfindung, ebenfalls Bücher wie das „Hebammen Gesundheitswissen“, ein Handbuch zur Schwangerschaft und Geburt, sowie Bücher über Schwangerschaftsfragen von A bis Z. Des Weiteren rundete ein Werk über sanfte Behandlungsmethoden in der Schwangerschaft die große Auswahl ab. Doch auch Bücher über Wohlsein oder Unwohlsein innerhalb der Schwangerschaft durften ebensowenig in dem gut sortierten Bücherregal fehlen wie der Sexratgeber während der „anderen Umstände“. Die kluge werdende Mutter baut vor. Frau muss ja immer für alles gerüstet sein.

Beim wöchentlichen Einkauf stieß Bianca auf eine Zeitschrift für werdende Eltern. Eine Überschrift auf der Titelseite dieses großen Hochglanzmagazins stach ihr umgehend in die Augen. In großen Lettern stand auf der Titelseite: „Risikoschwangerschaft Beckenendlage!"

Bianca musste sich dieses Magazin unbedingt kaufen. Als sie dieses erworben hatte, suchte sie im Inhaltsverzeichnis nach der entsprechenden Seite. Als sie den Bericht fand, verschlang sie ihn förmlich. Am Ende war sie von dieser schlechten Reportage mehr als entsetzt. Diese Berichterstattung war unglaublich. Unglaublich beängstigend!

In diesem Artikel ging es um einen Hilferuf des ungeborenen Kindes an die Mutter, an die Eltern, an die Geburtshelfer. Es war ferner die Rede von schwersten Missbildungen, hervorgerufen durch die Beckenendlage, und von ernsthaften Komplikationen für Mutter und Kind während der Schwangerschaft sowie unter der Geburt. Bianca war verzweifelt. Stimmte auch nur ein einziges Wort dieses Artikels? Sie fing bitterlich an zu weinen.

Verzweifelt versuchte Bianca, Peter auf seiner Dienststelle anzurufen. Leider war er telefonisch mal wieder nicht erreichbar.

Bianca wählte die Telefonnummern ihrer zwei Freundinnen.

Jedoch mussten auch diese arbeiten. Keiner hatte Zeit, sich ihren Kummer anzuhören. Keiner konnte sie trösten. Sie fühlte sich alleine. Vom vielen Weinen hatte Bianca eine laufende Nase. Ihre Papiertaschentuchvorratspackungen nahmen an Umfang rapide ab.

Als Peter abends nach Hause kam, sprang Bianca ihm mit der Zeitschrift, die den Artikel über die Beckenendlage veröffentlicht hatte, entgegen. Peter hatte weder Gelegenheit, sich seiner Jacke zu entledigen, noch ein Wort des Grußes an seine Frau zu richten.

Bianca war so verzweifelt, dass sie ihn gar nicht zur Ruhe und erst recht nicht zu Wort kommen ließ. Kaum sah sie Peter, schoss es aus ihr heraus:

„Peter, schau, was diese Journalisten in dieser Zeitung berichten. Unser Kind ist krank. Wenn es nicht bereits krank ist, wird es mit achtzigprozentiger Wahrscheinlichkeit krank werden. Was sollen wir nur machen?"

Peter fuhr Bianca zärtlich über ihren Kopf. Besonnen sagte er:

„Komm, lass uns doch erst einmal ins Wohnzimmer gehen. Dann erzählst du mir in aller Ruhe, was überhaupt los ist."

Beide gingen den Flur entlang ins Wohnzimmer. Peter setzte sich auf die Couch. Bianca schmiegte sich eng an ihn. Powerkuscheln war angesagt. Ihre Augen waren vom vielen Weinen geschwollen und rot unterlaufen. Sie hatte Angst, fast schon Panik, ein behindertes Kind zu gebären. Sie sah bereits viele Horrorszenarien vor ihrem geistigen Auge. Spielte diese sogar fiktiv durch. Es war grausam. Die Wehentätigkeit nahm durch ihre Anspannung, ihre derzeitige Gemütslage zu.

„Gib mir bitte mal die Zeitschrift. Ich lese mir den Artikel eben mal durch."

Bianca reichte Peter die schon viel gelesene Zeitschrift. Als Peter sich den fragwürdigen Bericht durchgelesen hatte, war auch er sprachlos. Für einen Augenblick. Dann kam ihm der zündende Einfall.

„Du wirst diese Zeitung, diesen Schundbericht morgen deinem behandelnden Arzt in der Klinik vorlegen. Frag bitte nach, ob überhaupt auch nur ein Funke dieses Berichts stimmt."

Bianca war erleichtert. Das war's. Genauso wollte sie es gleich am nächsten Tag machen. Der nächste Morgen kam. Bianca hatte in der Nacht kaum geschlafen. Sie war wie gerädert, angespannt und verängstigt. Sie duschte sich länger als sonst. Langsamer als üblich zog Bianca sich eines ihrer Umstandszelte, wie sie ihre ungeliebten Schwangerschaftskleidchen titulierte, an. Als sie abmarschbereit war, rief sie sich – geschniegelt und gebügelt – eine Taxe.

In der Klinik, im Wartezimmer der Schwangerenambulanz angekommen, wurde sie umgehend von einer behandelnden Schwester in ein Untersuchungszimmer geführt. Wie sonst, an jedem anderen Untersuchungstag auch, wurde der Bauchgurt des Wehenschreibers um Biancas riesigen Bauch gelegt. Die ausgewiesene Wehentätigkeit war für ihre Verhältnisse auffälliger als sonst. Der Arzt kam, um mit ihr die niedergeschriebenen Werte zu besprechen. Bianca hielt die zusammengerollte Fachzeitschrift verkrampft in ihrer rechten Hand.

„Herr Doktor Krause, ich habe mir gestern diese Zeitschrift für Eltern und werdende Eltern gekauft, da in einem Artikel über Beckenendlagenkinder berichtet wird. Würden Sie sich diesen Bericht einmal genauer ansehen?"

Bianca hielt die Zeitung hoch, um dem Arzt das von ihr käuflich erworbene Magazin für werdende Eltern zu zeigen.

„In diesem Bericht steht, dass die eingenommene Lage meines Kindes, ach, was sage ich, aller Beckenendlagenkinder, ein Hilferuf an die Geburtshelfer und an die werdenden Eltern ist. Dass Beckenendlagenkinder zu achtzig Prozent behindert zur Welt kommen. Dass in jedem Fall von einer Spontanentbindung abgeraten wird. Dass es lediglich zwei Kliniken in Deutschland gibt, die auf besonderen Wunsch der werdenden Eltern diesem Entbindungswunsch nachkommen. Kiel und Wuppertal. Meine Frage an Sie als mein behandelnder Arzt: Was stimmt an diesem Artikel? Wie viel Wahrheit steckt in diesem Bericht?"

Bianca schaute ihren behandelnden Arzt mit ihren großen grünen Kulleraugen fragend an. Tränen standen erneut in ihren Augen. Der Arzt nahm Bianca schweigend die zusammengerollte, viel gelesene Zeitschrift aus der Hand. Schlug, nachdem er in das Impressum geschaut hatte, die Seite des Berichtes auf und las ihn sich langsam, gründlich und äußerst aufmerksam durch. Sprang, nachdem er den Bericht zu Ende gelesen hatte, wütend, gar schnaufend wie ein Stier von seinem Stuhl auf. Fing laut an zu schimpfen.

„So ein Schwachsinn! Ich werde den Journalisten, der diesen Bericht geschrieben hat, verklagen! Diese Reportage ist schlecht, sehr schlecht recherchiert! Natürlich ist die Lage kein Hilferuf des Kindes an die Geburtshelfer! Natürlich kann unter der Geburt immer etwas passieren. Das hat jedoch nichts, aber auch rein gar nichts mit der Geburtslage des Kindes zu tun. Tatsächlich liegt bei lediglich drei bis fünf Prozent aller Schwangerschaften eine Beckenendlage vor. Auch sind von den drei bis fünf Prozent fünfzig Prozent erstgebärend. Doch nur in wenigen Fällen sind die Kinder missgebildet. Etwas anderes wäre es, wenn es sich abzeichnen würde, dass sich zusätzlich die Nabelschnur um den Hals Ihres Kindes legen könnte. Im Moment zeichnet sich aber nichts Derartiges ab. Machen wir uns nichts vor, die Lage Ihres Babys ist nicht günstig für eine spontane Entbindung. Natürlich ist eine spontane Geburt bei einer Beckenendlage immer ein Risiko. Wir müssen, so Sie an Ihrem Wunsch, die Geburt spontan durchführen zu wollen, auf jeden Fall ein OP-Team bereitstellen. Wenn es unter der Geburt mit der Entbindung Ihres Kindes nicht weitergehen sollte, müssen wir entsprechend vorbereitet sein, um Ihnen beiden schnellstmöglich helfen zu können. Machen Sie sich bitte keine Sorgen! Ihrem Kind geht es bisher sehr gut. Seine Werte sind prächtig. Jetzt müssen wir nur aufpassen, dass es so bleibt. Frau Schneider, alles wird gut! Ich verspreche Ihnen, ich bin Tag und Nacht für Sie erreichbar. Vergessen Sie jetzt diesen Zeitungsbericht! Um den Beitrag, nein, um dieses ganze Käseblatt, kümmern wir uns nach der Geburt Ihres Kindes. Versprochen!“

Bianca war erleichtert. Eine zentnerschwere Last fiel von ihren einst zarten Schultern. Zufrieden zog sie sich wieder ihre Umstandskleidung an und watschelte im Entengang aus der Klinik zu dem nahen Taxistand, der ganz in der Nähe des Klinikeingangs lag. Zärtlich strich sie sich, während sie auf eine Taxe wartete, über ihren dicken Bauch.

„Ich hab dich soooo lieb, mein Kleines", flüsterte sie dem heranwachsenden kleinen Wesen in ihrem Bauch zärtlich zu.

Ach, was war das? O Schreck! Biancas Bauchumfang wuchs und wuchs. Auf über einen Meter. Genau genommen maß er in der vierunddreißigsten Schwangerschaftswoche 1,49 Meter! Ihr Bauchumfang ließ bei Außenstehenden die Vermutung zu, dass sie zwei Riesenbabys ausbrütete. Doch der Ultraschall sagte etwas ganz anderes aus. Das Bild ihres Fötus ließ erkennen, dass ihr Baby eher klein war. Weiterhin war deutlich zu erkennen, dass es definitiv nur eins war! Wohin wollte ihr Bauch noch wachsen? Die in der Uniklinik behandelnden Ärzte fragten Bianca interessiert, ob sie den Verlauf ihrer letzten Schwangerschaftswochen aufzeichnen dürften. Bianca gab ihre Zustimmung. Zur Messung ihres Bauchumfanges wurde ihr nunmehr einmal täglich ein Zirkel über ihren Riesenbauch gelegt. Die Ärzte konnten nicht glauben, was sie an Umfangsmessungen zu sehen bekamen. Bianca bewegte sich schwerfällig wie ein Pferd auf Rollschuhen. Sie war kugelig und hatte ungeheuerliche Wassereinlagerungen. Ihre Arme, Beine und Hände waren dick geschwollen. Ihre Brüste waren in der Zwischenzeit auf eine ganz beachtliche Doppel-D-Plus-Körbchengröße herangewachsen. Ein Ende der Wachstumsphase war nicht in Sicht. In Fremden konnte das Gefühl auf kommen, ihre Brüste und ihr Bauch würden platzen. BHs für ihre Melonen der Größe XXL kaufen? Die BHs, die heute gekauft wurden, waren spätestens nach zwei Wochen schon wieder zu klein.

Verstärkte Partyzelte sollten für Fälle wie den meinen in unterschiedlichen Größen angeboten werden, sinnierte Bianca, als sie sich wieder einmal in einen erst vor drei Wochen gekauften und inzwischen erneut zu kleinen BH zwängte. Immer wenn sie an einer glatten, spiegelnden Fläche vorbeiwatschelte, konnte sie nicht fassen, dass das sich spiegelnde Wesen sie sein sollte. Ferner war nicht nur ihr Wachstum extrem, sondern auch ihre Gefühlsschwankungen.

Manchmal war sie wütend. Sie steigerte sich gekonnt in die kleinsten Kleinigkeiten hinein. Im nächsten Moment war sie glücklich, wollte jeden Menschen an ihrem Glück teilhaben lassen und am liebsten alle umarmen.

Peter musste sie manches Mal daran hindern, in einem ihrer Glücksmomente ihr völlig fremde Menschen, zum Beispiel Passanten auf der Straße, zu umarmen. War sie zu etwas bereit und motiviert, konnte nichts und niemand sie in ihrem Eifer aufhalten. Es gab keinen normalen Tag mehr im Leben von Peter und Bianca.

Ihr in der Zwischenzeit üppig herangewachsener Bauchumfang versperrte Bianca die freie Sicht auf ihre Füße. Wenn sie sich die Schuhe anzog, war das eine putzig anzusehende Prozedur. Peter stand seiner Frau auch bei der Bewältigung dieses mehrmals täglich wiederkehrenden Problems zur Seite. Er ertrug tapfer und mit Bravour Biancas tägliche Stimmungsschwankungen. Völlig egal, ob sich Bianca in einem ihrer vielen Tiefs oder auf einem ihrer Höhenflüge befand. Er war stets fest an ihrer Seite.

Der Geburtsvorbereitungskurs

Bianca war, wie die meisten werdenden Mütter, felsenfest überzeugt, dass eine gute, entspannte Geburt nur möglich sei, wenn die werdenden Eltern auf dieses große Ereignis von Fachleuten gut vorbereitet werden. Aus gegebenem Anlass suchte sie für Peter und sich einen Geburtsvorbereitungskurs in der Nähe ihres Wohnorts aus. Einmal in der Woche fand dieses ulkige Treffen statt. In diesem Kurs fand sich eine Interessengemeinschaft aus Schwangeren, viele auch mit einem Angehörigen, ab der zwanzigsten Schwangerschaftswoche bis kurz vor der Niederkunft zusammen.

Bianca und Peter waren – bedingt durch Biancas vorzeitige Kontraktionen – erst in der dreißigsten Schwangerschaftswoche zu dem bunten Haufen werdender Mütter nebst Anhang gestoßen. Bianca war etwas neidisch auf die eine oder andere werdende Mutti. Sie wog in der dreißigsten Schwangerschaftswoche bereits sechsundzwanzig Kilo mehr als vor der Schwangerschaft und verglich sich sehr gerne mit einer trächtigen Elefantenkuh. Ihr Gynäkologe schimpfte immer wieder mit ihr. Doch was sollte sie tun? Sie aß nicht für zwei. Sie musste das Essen nur ansehen und nahm schon zu. Bianca sah tatsächlich aus wie ein übergroßes Hippoweibchen. Ihre Brüste benötigten mittlerweile BHs in Überkörbchengröße. Jede Brust war so groß wie eine ausgewachsene Wassermelone. Sie fühlte sich an vielen Tagen in der Woche unattraktiv und hässlich. Bianca war verzweifelt. Es gab Frauen in ihrem Geburtsvorbereitungskurs, die man gut und gern mit einer Gazelle vergleichen konnte. Kaum Bäuchlein, gertenschlank kreuzten diese fremden Wesen nunmehr Biancas Weg. Diese Frauen waren wunderschön anzusehen. Ihnen sah man die werdende Mutterschaft fast gar nicht an. Wie gemein! Bianca war bei dem Anblick dieser wunderschönen Schwangeren einer Depression nahe.

Bianca und Peter gingen ab der dreißigsten Schwangerschaftswoche jeden Donnerstag zu dem Geburtsvorbereitungslehrgang, der in der schleswig-holsteinischen Landeshauptstadt in einer alten Villa in einem hippen Stadtbezirk angeboten wurde. Sie hatten noch einen der begehrten Plätze bei *pro familia* ergattern können. Die Kursleiterin war gewöhnungsbedürftig. Als sie an einem Donnerstag die anwesenden werdenden Väter mit nachfolgenden Worten animierte, sich in ihre schwangeren Frauen hineinzuversetzen, platzte Peter der Kragen.

„Liebe werdende Väter, bitte legen Sie sich einmal hin. Legen Sie sich wie Ihre Frau oder Freundin auf den Rücken. Versuchen Sie bitte, Ihr Kind in Ihrem Unterleib zu spüren. Versuchen Sie die beginnenden Wehen zu spüren. Nun hecheln Sie. Ja, gut so. Nun werden Ihre Wehen immer stärker. Bald kommt Ihr Kind auf die Welt. Die Schmerzen werden stärker und stärker. Spüren Sie schon die starken Schmerzen der Kontraktionen?“

Einige der teilnehmenden Männer fingen tatsächlich an, sich ihren Bauch zu halten und zu hecheln. Auch verzogen sie schmerzverzerrt ihr Gesicht.

Peter platzte bei deren Anblick vor Lachen.

„Ich werde diesen Blödsinn bestimmt nicht mitmachen“, schoss es unter lautem Lachen aus ihm heraus.

„Wie, bitte, soll ich mir vorstellen, ein Kind in mir zu tragen? Wie soll ich mir Schmerzen vorstellen, von denen ich nicht die geringste Ahnung habe, wie stark, wie intensiv diese ausfallen können? Ich werde in meinem Leben nicht in die Situation kommen, ein Kind auszutragen. Es sei denn, ich mutiere zu einer Frau.“

Die *pro-familia*-Kursleiterin, circa Mitte vierzig, hoch motiviert, wahnsinnig engagiert, war sprachlos. War wortlos. Veränderte ihre Gesichtsfarbe von Rot auf Weiß. Rang nach Luft. Rang nach Fassung. Lediglich eine laute Schnappatmung zeugte von Restleben in ihrem mageren Körper. Die Gute japste wie eine gestrandete Kröte auf dem Land nach Luft. Sie suchte nach Worten, die sie nicht in der Lage zu finden war. Peter war nicht annähernd beeindruckt.

Er sprang auf. „Meine Liebe, aus einem Schwein wird, auch wenn es ein Tutu trägt, kein Balletttänzer", ließ Peter die Kursleiterin in einem Ton, der Wasser in einem Glas zum Gefrieren gebracht hätte, wissen.

„Ich glaube, wir haben ein kleines Missverständnis", japste die Kursleiterin, weiterhin nach Worten ringend.

„Ein kleines Missverständnis?", äffte Peter die aufgeregte-Kursleiterin nach.

„Wir beide haben kein Missverständnis. Galileo und der Papst hatten ein Missverständnis miteinander. Wir beide haben etwas viel Größeres. Wir beide haben ein Problem miteinander", fauchte Peter die arme, kreidebleiche Kursleiterin wütend an. „Sollten Sie das anders sehen, empfehle ich Ihnen einen sehr guten Neurologen. Dieser kontrolliert, ob ein Tumor auf den kollektiven Teil Ihres Gehirns drückt", sagte Peter äußerlich mehr oder weniger gelassen, innerlich jedoch schäumend und vor Wut kochend, in einem ruhigen, fast schon sanften Tonfall. Peter zog Bianca, die vor ihm auf einer blauen Unterlage wie ein dicker Käfer auf dem Boden des Kursraumes auf ihrem Rücken lag, an ihrer rechten Hand sanft hoch. Legte kommentarlos mit einem Blick voller Liebe vorsichtig seinen Arm um ihre Schulter. Gemeinsam verließen die beiden ohne einen weiteren Wortwechsel den Geburtsvorbereitungsraum, ohne die nach wie vor immer noch komplett fassungslose Kursleiterin als auch die anwesenden sprachlosen Kursteilnehmer eines Blickes zu würdigen.

Peter und Bianca nahmen nach dieser eindrucksvollen Geburtsvorbereitungsstunde verständlicherweise nicht mehr an dem Geburtsvorbereitungskurs für werdende Väter und Mütter teil. Bianca war nunmehr in der fünfunddreißigsten Schwangerschaftswoche. Peter hatte etwas ins Rollen gebracht, was vor ihm noch nie jemand gewagt hatte. Er hatte tatsächlich die Autorität der Kursleiterin infrage gestellt.

Fabian oder Florian?

Geboren wurde ihr gemeinsames Prachtexemplar am 10. August 1988.

Hätte er nicht zwei Tage früher kommen können?

Was wäre das für ein Geburtstag gewesen: der 8.8.1988!

Was hatte Bianca nicht alles unternommen, um ihrem Sohn diesen Geburtstag zu ermöglichen!

Sie war kilometerweit Treppen gestiegen. Zumindest gefühlt … Diese körperliche Ertüchtigung sollte angeblich helfen, eine maue Wehentätigkeit anzuregen.

Nichts!

Sie hatte Tage zuvor den Wehenblocker Partusisten entgegen dem ärztlichen Rat abgesetzt.

Nichts!

Sie war in zu heißes Badewannenwasser gestiegen. Das heiße Wasser sollte angeblich die Wehentätigkeit anregen.

Nichts!

Sie war trotz ihres starken Übergewichts viel zu lange spazieren gegangen. Diese Freiluftübung sollte angeblich die Wehentätigkeit anregen.

Nichts!

Sie hatte ihr Essen zu scharf gewürzt. Die Schärfe im Essen sollte angeblich die Wehentätigkeit anregen.

Nichts!

Sie hatte Kniebeugen gemacht. Bis kurz vor dem Umfallen.

Nichts!

Dann, endlich, zwei Tage später, am 10. August 1988, platzte der jungen, unförmigen Frau Schneider die Fruchtblase in ihrem Ehebett. Bianca war gegen einundzwanzig Uhr schlafen gegangen und schlief tief und fest, als sie gegen Mitternacht von einem lauten Knall aufwachte!

Dieser laute Knall riss sie aus ihren süßen Träumen. Auf der Straße musste ein Autoreifen geplatzt sein. Doch, o weh! Hatte sie wirklich auf der Straße durch das geschlossene Fenster einen Autoreifen platzen hören? Augenblicklich wurde es ihr ganz warm um ihre Beine. Feucht fühlte es sich plötzlich zwischen ihren Beinen als auch an ihrem Hintern an. Hier war was im Busch! Hilfe!

Ihr war fühlbar klar, dass ihre Fruchtblase geplatzt war.

Das Bettzeug, das Inlett, das Laken, die Matratze, alles war nass und kalt. Unsanft rüttelte und schüttelte Bianca Peter wach.

„Peter, mir ist die Fruchtblase geplatzt. Ich laufe aus. Bitte rufe schnell einen Krankenwagen. Nein, besser noch einen Rettungswagen."

Peter wollte zunächst nicht wach werden. Doch Bianca ließ nicht locker und schüttelte ihn wie einen Cocktail. Ihre Mühe wurde letztlich belohnt. Peter rieb sich schlaftrunken seine braunen Rehaugen.

„Bist du dir wirklich sicher? Ist es kein falscher Alarm?", fragte er Bianca.

„Ich hoffe für dich, dass deine Frage nicht ernst gemeint ist", antwortete Bianca ihrem Mann mehr als gereizt. „Vielleicht schaust du dir mal mein Laken an. Es ist nass! Ich schwimme in meinem Bett wie ein Fettauge in der Hühnerbrühe." Peter richtete sich auf. Ihm schauderte.

„Wieso heute? Wieso jetzt? Hast du mal auf die Uhr gesehen? Es ist erst kurz nach Mitternacht", beantwortete Peter ich seine Fragen selbst. Einen letzten prüfenden Blick in Richtung seiner wütend dreinblickenden Ehefrau werfend. Der arme Kerl war mit der aktuellen Situation komplett überfordert. Ihr Stammhalter war nach der ungefähren Berechnung ihres Arztes zwei Wochen zu früh unterwegs.

Peter sprang umgehend aus seinem Bett auf. Nachdem er die ersten Schreckminuten überwunden hatte, war er wach. Er kam kerzengerade aus der Waagerechten in die Senkrechte. Er lief zum Telefon, das auf dem Flur auf einem Metallschränkchen stand. Schnell wählte er die Nummer des ärztlichen Notdienstes. Es klingelte drei Mal, bevor sich eine weibliche Stimme am anderen Ende der Leitung meldete.

„Ärztlicher Notdienst. Was kann ich für Sie tun?", fragte die Stimme monoton.

Peter schilderte holprig, angespannt die sich in seinem Schlafzimmer eingetretene Situation.

„Wir kommen sofort", antwortete die weibliche Stimme, als Peter endlich zu Ende berichtet hatte.

„Bitte sorgen Sie dafür, dass Ihre Frau liegen bleibt. Meine Kollegen werden in spätestens zehn Minuten bei Ihnen sein. Alles wird gut."

Zuversichtlich versuchte die Stimme, Peter zu beruhigen.

Doktor Barsch hatte den beiden eingeimpft, dass, sollte Biancas Fruchtblase außerhalb der Klinikräume platzen, unbedingt darauf zu achten war, dass das ungeborene Leben in Biancas Uterus geschützt wurde.

„Frau Schneider, Sie dürfen sich im Falle eines Falles auf keinen Fall, unter gar keinen Umständen in ein Auto setzen, um in die Klinik zu fahren. Durch die ungünstige Haltung während der Fahrt wird die Geburtssituation eventuell verschlimmert. Ihr Kind könnte unnötig in Gefahr geraten."

So kam es, dass sich die beiden Schneiderlein gezwungen sahen, in dem eingetretenen Notfall einen Krankenwagen, besser noch einen Rettungswagen zu rufen.

Keine fünf Minuten später klingelte es an ihrer Haustür. Peter öffnete. Zwei Rettungssanitäter, ein großer dunkelhaariger, schlaksiger und ein um einen Kopf kleinerer blonder Mann eilten im Marschtempo mit einer Trage in die erste Etage des Mehrfamilienhauses.

„Wo liegt der Notfall?“, fragte der dunkelhaarige Rettungssanitäter Peter beim Eintreten in die Wohnung.

„Gehen Sie bitte den langen Flur bis ans Ende und dann immer geradeaus. Sie kommen direkt auf das Schlafzimmer zu. Dort liegt meine Frau. Bitte seien Sie vorsichtig. Ich möchte nicht, dass unserem Kind etwas passiert.“

„Keine Angst, Herr Schneider, das ist nicht unser erster Transport“, antwortete der kleinere blonde Rettungssanitäter Peter mit einem sympathischen Augenzwinkern.

„Auch haben Sie Glück. Mein Kollege ist ebenfalls vor vier Wochen zum zweiten Mal Vater geworden. Er kann, denke ich, gut nachvollziehen, was Sie und Ihre Frau gerade durchmachen.“

Die beiden Sanitäter eilten ins Schlafzimmer. Keiner der beiden wollte das Kind zur Welt bringen.

Eilig betteten sie Bianca vom Ehebett auf die Trage um. Zu Biancas Sicherheit wurde diese nach ihrer Umbettung mit drei Gurten an der Trage festgebunden. Ein Gurt wurde fest über ihre Füße gespannt. Ein weiterer wurde über ihrem Bauch und der letzte wurde über ihrem Brustkorb festgezurrt. So stabilisiert, konnte Biancas Reise in ihr aller neues Leben beginnen.

„Bitte halten Sie durch“, bettelte der dunkelhaarige Sanitäter Bianca an.

„Ich habe noch kein Kind auf diese Welt holen müssen. Es wäre schön, wenn Sie mir heute meine Zu-null-Quote nicht zunichtemachen würden“, scherzte der kleinere der beiden lachend. Bianca lächelte, so gut sie es unter der riesigen Anspannung konnte, zurück.

„An mir soll es nicht liegen“, antwortete sie schlagfertig.

Die beiden Männer hatten ordentlich zu schleppen. Stattliche dreißig Kilogramm hatte Bianca während ihrer anderen

Umstände zugelegt. Wog nunmehr bei ihrem Abtransport stolze vierundachtzig Kilogramm. Die Sanitäter hatten gute Arbeit geleistet. Biancas Körper war fest auf der Trage verzurrt.

Es erwies sich für die beiden Rettungssanitäter als eine wahre Herausforderung, die schwergewichtige Bianca aus der ersten Etage des Mehrfamilienhauses die Treppen hinunterzutragen. Das Treppenhaus war schmal geschnitten und durch den Bodenbelag, gebohnertes Linoleum, extrem glatt. Beide Rettungssanitäter gerieten bei ihrem Abtransport arg ins Schwitzen.

Alle drei waren heilfroh, wohlbehalten und unbeschadet am Rettungswagen angekommen zu sein. Dieser stand mitten auf der Fahrbahn der Straße, direkt vor dem Wohnhaus der Familie Schneider, mit blinkendem blauen Warnlicht auf dem Autodach. Auf der menschenleeren Straße wurde die Trage mit der dicken, gut festgeschnürten Bianca in Position gebracht. Zuerst hievten die Rettungssanitäter sie in die Aufrechte, dann wurde sie über eine Führungsschiene in der Waagerechten in den Rettungswagen hineingeschoben.

„Möchten Sie mit uns mitfahren?“, fragte der kleinere blonde Rettungssanitäter Peter, der dem Konvoi halb bekleidet und konfus gefolgt war. Dieser hatte sich lediglich in aller Eile eine Hose und ein T- Shirt übergezogen, Jacke und Schuhe jedoch vergessen.

„Nein. Ich folge Ihnen mit meinem eigenen Auto“, antwortete Peter zerstreut.

Der große Rettungswagen wurde mit großer Um- und Vorsicht von dem jungen Vater, dem schlaksigen dunkelhaarigen Rettungssanitäter, in der sternenklaren Nacht durch die engen Kieler Straßen gesteuert. Es war zu dieser frühen Uhrzeit, mittlerweile war es Viertel vor eins, noch sehr wenig Verkehr auf den Kieler Haupt- und Nebenstraßen. Die meisten Einwohner der Landeshauptstadt lagen in ihrem wohlverdienten Schlaf.

Die beiden Sanitäter überließen den verwirrt wirkenden Peter verantwortungslos seinem Schicksal.

Der knuffige blonde Rettungssanitäter setzte sich nach seinem Einstieg in das große Krankentransportmobil derweil neben Biancas Pritsche auf einen blauen Polstersitz, der rechts neben ihrer Liege montiert war.

Er zückte eine schwarze Plastikkladde, die auf einem Rahmen neben der Trage befestigt war, und sagte zu ihr: „Ich muss der Bürokratie gerecht werden. Darf ich kurz Ihre Personalien aufnehmen?"

Bianca presste ihren Namen und ihre Anschrift zwischen den heftig einsetzenden Wehen in einer der wenigen Wehenpausen hervor. Sie lag mit ihren kleinen Füßen in Richtung der beiden großen Autotüren. Die Scheiben der Türen waren blickdicht beklebt. Es konnte niemand sehen, wer in dem Wagen lag. Bianca schaute sich ängstlich im Wageninneren um. Der Rettungswagen war ringsherum mit kleinen Einbauschränken ausgestattet. *Hoffentlich kommt keiner der Schränke beziehungsweise das Inventar eines der Schränke zum Einsatz,* dachte sie während der Fahrt. Der aufmerksame Rettungssanitäter, der neben Bianca auf seinem gepolsterten blauen Stuhl Platz genommen hatte, bemerkte ihren besorgten Rundumblick.

„Wir sind komplett für Notfälle ausgestattet", sagte er nicht ohne Stolz.

„Letztlich sind wir jetzt ohne Arzt im Einsatz. Wir haben lediglich über Funk die Information erhalten, dass wir eine schwangere Frau in ein nahe liegendes Krankenhaus fahren sollen."

Wie aus einem Mund baten die beiden Rettungssanitäter Bianca flehend:

„Bitte halten Sie durch. Auf keinen Fall pressen. Wir rauschen – so schnell es der Verkehr und die Straßenverhältnisse zulassen – durch die Straßen."

Kaum ausgesprochen, schaltete der Fahrer umgehend, zur Untermalung seiner Bitte, das Blaulicht auf dem Rettungswagendach ein.

Fabian wurde am 10. August 1988, einem Mittwoch, in der Universitätsfrauenklinik in Kiel um vier Uhr einundfünfzig geboren – in das Tierkreiszeichen des Löwen. Er hatte bei seiner Geburt schon eine ordentliche dunkle Haarpracht, Fabians Augen waren bei seiner Geburt blau. Bianca war entsetzt. Peter hatte rehbraune Augen, sie grüne. Ihr gedanklicher Einwand war jedoch Jammern auf hohem Niveau. Ihrem Kind ging es den Umständen entsprechend gut. Das war die Hauptsache.

Peter und sie hatten sich den Namen Fabian für einen Jungen – falls es ein Mädchen werden würde, den Namen Vanessa – ausgesucht. Eigentlich wollten sie ihr erstes Kind, so es wirklich ein Junge werden sollte, Florian nennen. Jedoch wurde ihnen ein Strich durch ihre Namensfindung gemacht. Eine weitere Hausnachbarin, die vier Wochen vor Bianca einen Sohn entbunden hatte, nannte ihren Erstgeborenen Florian. Für Peter und Bianca stand fest, dass sie unter diesen Umständen den Namen Florian für ihren Erstgeborenen nicht nehmen konnten. Somit trat Plan B in Kraft. Die werdenden Eltern wichen auf den vorher nicht ganz favorisierten Vornamen Fabian für ihren Erstgeborenen aus. Ihr Wunder hieß nunmehr Fabian Peter Schneider.

Bianca hatte nicht lange in den Abschlusswehen gelegen. Nicht einmal fünf Stunden hatte sie für die spontane Beckenendlagengeburt benötigt. Ganz ohne Hilfe des schon bereitstehenden OP-Teams hatten Peter und sie es geschafft. Zwischendurch gab es jedoch kurz einen kleinen Geburtsstau. Peter musste dringend auf die Toilette. Kaum hatte er den Kreißsaal verlassen, hörte Bianca auf zu pressen. Es ging tatsächlich nichts mehr. Bianca machte schlapp. Der leitende Oberarzt schickte kreischend eine Schwester hinter Peter her. Diese hatte die Aufgabe, ihn umgehend in den Kreißsaal zurückzuholen. Seine Notdurft musste warten. Kaum war Peter wieder an Biancas Seite, ging die Geburt weiter und Bianca war wieder einsatzbereit. Ihr Wunder war neugierig auf seinen Vater und seine Mutter, die ihm unbekannten bekannten Wesen. Er hatte keine Zeit mehr zu verlieren und wollte seine Schöpfer blitzschnell kennenlernen!

Es flutschte den Umständen entsprechend gut. Das OP-Team, das sich den beiden vor der Entbindung vorgestellt hatte, wurde dementsprechend, zum Glück aller Beteiligten, nicht benötigt. Peter und Bianca waren nach der geglückten Entbindung überwältigt von ihren Gefühlen. Ihre Endorphine schlugen Purzelbäume. Bianca war nach der Geburt von der großen Anstrengung völlig geschafft.

A Star was born

Eines ist gewiss. So schön, wie es ist, ein Kind zu zeugen, ist es definitiv nicht, es zur Welt zu bringen.

Doch als ihr Kind letztlich auf die Welt kam und Bianca es als neuen Erdenbürger begrüßen durfte, war der Geburtsvorgang, waren alle Schmerzen wie weggeblasen. Komplett vergessen. Sie lachte vor Erleichterung. Entgegen den vielen schlechten Vorboten und entgegen der negativen Berichterstattung der Kindslage in der Zeitschrift für angehende Eltern war alles gut gegangen.

Fabian kam in einer Beckenendlage um vier Uhr einundfünfzig auf die Welt. Er war blau wie eine reife Pflaume. Seine winzigen Füße stupsten seine Nasenspitze an.

Er war über und über mit Käseschmiere bedeckt. Der errechnete Geburtstermin konnte definitiv nicht stimmen. Er war vier statt der errechneten zwei Wochen zu früh dran. Er wog 2.880 Gramm und war ganze achtundvierzig Zentimeter klein. Er hatte bei seiner Geburt und in seinem weiteren Leben eine dunkelbraune, lockige Haarpracht. Blaue, stahlblaue Augen hatte der neue Erdenbürger bei seiner Geburt.

Frau Mielke, die leitende Hebamme, legte Bianca ihren Fabian, ihrer beider Wunder, zum Auspulsieren der Nabelschnur auf ihren Bauch. Der neue Erdenbürger piescherte wie ein kleiner Hundewelpe sofort los. Er schenkte seiner Schöpferin erst einmal einen ordentlichen Strahl seiner Körperflüssigkeit als Willkommensgeschenk. Es schien, als piescherte er seine Mutter als Reviermarkierung an.

Als wollte er den anderen Neugeborenen sagen: *Das ist meine Mutti! Ihr habt eure eigene! Lasst eure Finger und Schnute von ihr! Meins, meins, meins!*

Sein kleiner Körper war über und über mit gelber Käseschmiere überzogen. Diese fühlte sich beim Streicheln samtweich an. Bianca strich Fabian liebevoll über seine Käseschmiereschicht. Es kam in Bianca ein noch nie da gewesenes Glücksgefühl auf. Kaum war der kleine Mann auf der Welt, hatten ihre fiesen Wehenschmerzen prompt aufgehört. Nichts außer Glück war nunmehr in ihr. Nichts außer ihnen drei zählte für sie! Peter wurde seitens des Geburtshelfers angeboten, die Nabelschnur mit einer Schere zu durchtrennen. Er verneinte das gut gemeinte Angebot des Arztes. So schnitt dieser achselzuckend, routiniert die Nabelschnur durch. Die Hebamme nahm den kleinen Stammhalter nach dem Auspulsieren und der Durchtrennung der Nabelschnur vom Bauch seiner Mutter und reinigte den kleinen Fratz. Befreite ihn von seiner Käseschmiere und dem Blut. Wog ihn und prüfte seine ersten Reaktionen. Es war alles in Ordnung. Auch die Apgar-Werte. Sie zählte Bianca und Peter gut hör- und sichtbar die Anzahl von Fabians Fußzehen und Fingern vor.

„Eins, zwei, drei, vier, fünf Zehen an dem rechten Fuß, eins, zwei, drei, vier, fünf Zehen an dem linken Fuß. Eins, zwei, drei, vier, fünf Finger an der rechten Hand, eins, zwei, drei, vier, fünf Finger an der linken Hand. Der kleine Mann ist vollständig. Alles gut!", ließ die Hebamme die überglücklichen Eltern wissen.

Die Geburtshelferin zog Fabian nach seiner gründlichen Reinigung, Überprüfung und Begutachtung aller Beteiligten an und legte ihn in einen warmen Brutkasten, der für ihn bereitstand. Kaum lag der kleine Mann wohlgebettet in dem Brutkasten, riss er seine Augen weit auf und schaute seine Eltern an. Er war rundum zufrieden. Er lächelte. Auch wenn dies nur ein Reflex war, wurde es Peter und Bianca ganz heiß um ihr Herz. Durch seine Beckenendlage musste Bianca Fabian mit dem Po zuerst aus ihrer Gebärmutter und durch ihren engen

Geburtskanal herauspressen. Aus diesem Grund war der kleine Mann nach seiner Entbindung lilablau wie eine Pflaume und hatte, objektiv gesehen, eine ganz ähnliche Figur wie diese. Nun galt es, seine Füße von seiner Nasenspitze zu bewegen. Eine circa zwanzig Zentimeter lange Stoffrolle wurde ihm zu diesem Zweck schon im Brutkasten unter seine kleinen Füße gelegt. Diese musste einige Tage lang mehrmals täglich ein kleines Stück nach unten gerückt werden. Step by step, damit sowohl sein Becken als auch seine Füße eine normale Stellung einnehmen konnten.

Noch im Kreißsaal verkündete Bianca dem Ärzteteam unter der Leitung von Doktor Giese:

„In zwei Jahren sehen wir uns wieder. Versprochen."

Die Ärzte nahmen Bianca nicht ernst und dachten, dass sie noch unter Adrenalinüberschuss stand.

Das Ärzteteam lachte verschmitzt. Es versprach ihr hoch und heilig, dass, wenn sie es nach dieser Geburt wirklich noch einmal wissen wollte, das komplette Ensemble eine weitere Entbindung erneut mit ihr durchstehen würde. Inklusive der Hebamme Frau Mielke.

Bianca musste auf Anweisung des behandelnden Arztes liegen bleiben. Ihre Nachgeburt hatte sich nicht gelöst. Auch eine halbe Stunde nach der Geburt hatte sich die Plazenta noch nicht von alleine gelöst. Der Arzt griff Bianca zur Ablösung des Mutterkuchens immer wieder in die erschlaffte Bauchdecke. Vergebens. Nach gut einer Stunde Wartezeit entschieden die Ärzte die Nachgeburt operativ zu entfernen.

Bianca war schon sehr schwach. Sie hatte viel Blut verloren. Peter musste den Kreißsaal verlassen. Die Ärzte halfen der Natur ein wenig nach. Bianca wurde zu diesem Zweck mittels einer tiefen Narkose in ein Traumwunderland geschickt. Zuvor teilte sie jedoch dem gesamten Team noch einmal mit, dass es sich in absehbarer Zeit auf einen zweiten Schneidereinsatz vorbereiten dürfte. Zu gern wollte sie einem zweiten Kind das Leben schenken. Gern wieder in derselben Wirkungsstätte! Die Ärzte wiederholten ihr Gelöbnis.

„Frau Schneider, wenn Sie wirklich noch einmal zu uns kommen sollten, sind wir auch alle wieder für Sie da. Versprochen." Bianca wurde schwarz vor Augen. Sie duselte weg und entglitt in ihr Traumwunderland. Als sie wieder aufwachte, war alles vorbei. Der komplette Geburtsverlauf war vorüber. Sie hatte alles gut überstanden. Wenn die Ärzte nicht eingegriffen hätten, wäre sie verblutet. Von allein hätte sich die Nachgeburt, die an ihrer Gebärmuttermuskulatur verwachsen war, nicht lösen können

Fabian lag bereits auf der Neugeborenenstation. Bianca wurde nach der Operation auf ihr Zimmer gebracht.

Sie kam auf die private Entbindungsstation. Auf dieser belegte sie ein komfortables Zweibettzimmer. Sie war zwar keine Privatpatientin, dennoch wollte sich der leitende Oberarzt für ihre aktive Mithilfe während der Geburt erkenntlich zeigen. Sie hatte es sich redlich verdient, verwöhnt zu werden. Kaum in ihrem gut ausgestatteten Zimmer mit Blick auf die Kieler Förde angekommen, wollte sie nach einer kurzen Erholungsphase zu ihrem Kind. Sie würdigte den tollen Ausblick keines Blickes. Zu groß war ihre Sehnsucht nach ihrem Kind!

Einige Zeit später stand sie mit wackligen Beinen auf. Klappte dann allerdings prompt nach dem Aufstehen nach nur wenigen Metern vor ihrem Bett zusammen. Bianca gönnte sich keine Schonzeit.

Was muss, das muss, dachte sie sich.

Bianca quälte sich zurück zu ihrem Bett. Nachdem sie sich zum Kraftschöpfen auf die Bettkante gesetzt hatte, drückte sie den Klingelknopf, um eine Schwester zu rufen.

Wenige Minuten später kam eine besorgte Schwester, um nach ihr zu schauen. Bianca wollte zu ihrem Wunder. Sie ließ nicht locker. Somit war die Schwester genötigt, die schwächelnde Bianca zu ihrem Baby zu begleiten.

Bianca war von seinem Anblick überwältigt. Dieses kleine, schnucklige Wesen war tatsächlich ihr Sohn? Dieses Wunder der Evolutionsgeschichte hatte sich in ihrem Bauch entwickelt? Aus ihrer Eizelle und Peters Samenfaden?

Dieses kleine Wesen hatte sie während der vergangenen Stunden aus ihrem Leib gepresst?

Dieses kleine Wesen würde sich nun an ihrer Muttermilch laben?

Sie konnte es immer noch nicht fassen. Die Angst, die Anspannung der letzten Monate fiel in diesem Moment von ihr ab und sie fing bitterlich an zu weinen. Aus Freude. Alles war gut gegangen. Dem lieben Gott sei Dank! Es war weder ihr noch ihrer Knutschkugel irgendetwas Schlimmes widerfahren. Wenn man von seiner Körperhaltung und seiner lilafarbenen Hautfarbe einmal absah. Er war vollständig und gesund. Er war komplett perfekt! Er war wunderschön! Er war in seinem, in ihrem Leben wohlbehalten angekommen.

Die weitere anwesende Mutti in ihrem Wöchnerinnenzimmer hatte das große Glück, dass ihr Neugeborenes über Tag bei ihr sein durfte. Einzig zum späten Abend, zur Nachtruhe der Mutter, wurde das kleine Menschenkind von einer fürsorglichen Schwester abgeholt. Bianca bekam Fabian nicht ins Zimmer. Er musste die ganze Zeit während ihres gemeinsamen Krankenhausaufenthaltes auf der Säuglingsstation in seinem Inkubator verweilen. Wollte Bianca ihren Sohn sehen, musste sie auf die Neugeborenenstation gehen. Wollten Besucher den neuen Erdenbürger begrüßen, mussten diese ebenfalls einen kleinen Rundgang durch die Universitätsfrauenklinik in Kauf nehmen. Bianca war somit über Tag wenig in ihrem Zimmer anzutreffen. Die meiste Zeit verbrachte sie bei Fabian. Wenn er schlief, wachte sie über ihn vor seinem Brutkasten. Sie konnte sich an ihrem Wunder gar nicht genug sattsehen. Jedes Mal wenn sie ihn ansah, überkam sie eine riesige Welle, ach was, es überkam sie ein Tsunami an Liebe.

Fabian bekam bereits in seinen ersten Lebenstagen im Krankenhaus ausgesprochen viel Besuch. Die behandelnden Ärzte, die Bianca während ihrer Schwangerschaft begleitet hatten, wollten Peter und ihr Wunder gern persönlich auf Erden begrüßen. Doch auch die Ärzte und die Hebamme, Frau Mielke, die Fabian auf die Welt geholt hatten, wollten sehen, wie es ihm ging. Des Weiteren waren Biancas Freundinnen neugierig. Diese wollten wissen, wie der neue Mann an ihrer Seite aussah. Der Mann, der ihr in Nullkommanix den Kopf verdreht hatte. Der ihr ganzes Leben von jetzt auf gleich verändert hatte. Fabians Großeltern väterlicherseits, seine Tanten und Onkel, Freunde und sonstige Verwandte ließen auch nicht lange auf sich warten, um ihre Neugierde zu stillen und um Fabian ehrlich und offenen Herzens auf dieser Welt willkommen zu heißen.

Peters und Biancas Sohn wollte wachsen. Sechsmal am Tag reichte Bianca ihm sein Fläschchen. Das Stillen stellte sich durch einen Gendefekt bei Bianca als schwierig heraus. Sie hatte eine Brustwarzenvernarbung nach innen. Beidseitig. Dieser Fakt machte es dem kleinen Mann sehr schwer, seine Muttermilch aus ihren riesigen Brüsten abzusaugen. Um dem kleinen Windelpupser die Nahrungsaufnahme zu erleichtern, pumpte Bianca ihre Muttermilch zu seiner als auch ihrer Erleichterung mehrmals täglich ab.

Ach, o weh! Fabian war drei Tage nach seiner Geburt auffällig gelb. Wie der behandelnde Arzt diagnostizierte, hatte der kleine Kerl die Neugeborenengelbsucht und musste somit mit einer Fototherapie behandelt werden. *Auch das noch! Der arme Kerl!,* sinnierte Bianca, als sie ihren kleinen Liebling unter der UV-Lampe liegen sah.

Am sechsten Lebenstag bekam er sechsmal täglich ein Fläschchen á sechzig Milliliter zu trinken.

Am siebten Tag dieselbe Anzahl schon mit jeweils zehn Millilitern je Mahlzeit mehr und so weiter. Bis er am neunten Tag schon einhundert Milliliter je Mahlzeit zu sich nahm. Ihr Wunder hatte keine festen Zeiten. Er war äußerst flexibel in der Zeit seiner Nahrungsaufnahme. Alle vier bis maximal fünf Stunden wachte er auf. Hatte Durst, hatte Hunger. Er wollte seine Bedürfnisse gestillt wissen.

Also, Brust und Brustwarzen raus! Leider war dies einfacher gesagt als getan. Das Stillen klappte trotz aller Versuche, Brustwarzenscheuern zur Abhärtung und besseren Positionierung für das kleine Mäulchen ihres Sohnes nicht. Auch die von den Schwestern viel gepriesenen Hütchen zum Aufsetzen auf die Brustwarzen zum besseren Absaugen der Muttermilch brachten nicht den gewünschten Erfolg. Ein letzter Versuch war das Zusammenbrauen und Trinken in rauen Mengen eines Milchbildungstees.

Zauberrezept: Kümmel, Anis, Zitronenverbene, Brennnesseln.

Doch auch diese Aktion war vergebens. *Woher nehmen und nicht stehlen?,* fragte sich Bianca gereizt. Die Natur ließ sich nicht zwingen. Sie tat alles, um ihren Milchreflex in Wallung zu bringen. All die vielen niedergeschriebenen Wundermittelchen halfen überhaupt nicht. Nada.

Ihr Baby wurde an ihrer Brust nicht satt. Innerhalb der ersten Tage konnte sie noch Tee zufüttern. Dafür war der kleine Scheißer einige Tage später aber viel zu hungrig. Blieb nur eins. Bianca hatte keine andere Wahl und musste abstillen. Fabian musste notgedrungen auf Babyvollkost, sprich Pre-Babynahrung, umsteigen. Bianca hörte im Geiste schon die vielen Zurufe der anderen Muttis:

Flaschenbabys sind als Erwachsene die schlechteren Menschen.

Flaschenkinder sind häufiger krank.

Die Beziehung zum Kind wird durch den intensiven Hautkontakt, die Nähe und Verbundenheit beim Stillen gefördert.

Hieß es im Allgemeinen. Auch Bianca waren die vielen Sprüche bekannt:

Durch das Stillen ist dein Kind während der Stillzeit vor vielen Krankheiten geschützt (Nestschutz), weil deine Antikörper (Immunglobuline) mit der Milch in den Körper des Kindes gelangen.

Fertignahrung ist teuer.

Mütter, die circa ein halbes Jahr stillen, sparen ungefähr eintausend Euro. Zu der Nahrung kommen noch die Kosten für die Flaschen und Sauger. Diese müssen regelmäßig ausgetauscht werden. Eventuell kommen für die Säuglingsernährung noch Wasserkosten hinzu, falls das Wasser aus deiner Leitung nicht geeignet sein sollte.

Muttermilch ist leichter verdaulich und führt seltener zu Magen-Darm-Störungen.

Stillen ist praktisch, du hast die Milch immer trinkfertig dabei, die Menge und Zusammensetzung entspricht genau den Bedürfnissen deines Kindes, und sie hat immer die richtige Temperatur.

Du sparst Zeit (ist insbesondere nachts von Vorteil), die du sonst mit der Zubereitung der Nahrung und mit der Reinigung und der Sterilisation der Flaschen zubringen müsstest.

Wissenschaftliche Studien haben ergeben, dass gestillte Kinder schlauer werden.

Keine Gefahr der Überfütterung wie bei der Flasche.

Die Hormone beim Stillen fördern die Rückbildung der Gebärmutter, machen mütterlich und helfen dir, schnell wieder auf dein altes Gewicht zu kommen.

Doch Bianca hatte gedanklich schon in ihre Einwandkiste gegriffen und würde den Befürwortern des Stillens Folgendes erwidern:

Ihr mögt mit euren Einwänden recht haben, doch für die Flasche spricht Folgendes:

Du bist unabhängiger und kannst dein Baby auch mal von anderen Personen längere Zeit betreuen lassen.

Du weißt immer, wie viel dein Kind getrunken hat, und du hast die totale Kontrolle.

Dein Partner kann in die Mahlzeiten des Kindes besser einbezogen werden und fühlt sich weniger ausgegrenzt.

Das Kind nimmt meist schneller zu.

Du kannst als Mutter normal essen und auch mal Alkohol trinken und rauchen.

Wenn du nicht stillst, kannst du eine Diät machen. Keine auslaufenden Brüste mit nassen Shirts.

Die Brust wächst nicht weiter durch die Milchproduktion, somit ist die Gefahr von eventuellen zusätzlichen Dehnungsstreifen gebannt.

Keine Brustentzündungen oder Schmerzen beim Anlegen.

Die Realität sah natürlich anders aus. Bianca war traurig. Sie mochte es, wenn ihr kleiner Schatz an ihrer Brust nuckelte. Jedoch war sie nichts und niemandem Rechenschaft schuldig und *eigentlich* sah sie sich auch zu keinerlei Rechtfertigung verpflichtet.

Alaaf und Helau!

Nach sieben Tagen Klinikaufenthalt durften Bianca und Fabian die Universitätsfrauenklinik verlassen.

Kaum zu Hause angekommen, gab es dort ein großes Helau und Alaaf. Peter hatte die gesamte Wohnung dekorativ geschmückt, um seine beiden Lieblinge willkommen zu heißen. Er platzte vor Stolz, als er die Wohnungstür zu ihrem Reich aufschloss. Bianca und Peter hatten zum Glück rechtzeitig Fabians Zimmer fertiggestellt. Es war komplett möbliert und gut ausstaffiert. Kleidung in drei unterschiedlichen Größen war zuvor gut in den Schränken verstaut worden. Auch war das gesamte Equipment zur Versorgung eines Neugeborenen eingekauft, ausgespült und wenn nötig sterilisiert worden. So kam Fabian in den Genuss eines Babyreiches, das seinesgleichen suchte. Man sah auf den ersten Blick: Dieses Baby war willkommen in seiner Familie. Peter hatte ohne Biancas Wissen einen Teddybären, der die dreifache Größe seines Sohnes hatte, als Willkommensgeschenk gekauft. Der Teddy wartete sitzend vor Fabians Bett auf ihn.

Zärtlich nahm Peter Bianca in seine Arme.

„Ich liebe dich so sehr. Nein, ich liebe euch so sehr. Ich bin sooo glücklich! Ich möchte nachher für uns kochen. Ach du Scheibenkleister! Schatz, stell dir vor, ich hab vor lauter Aufregung ganz vergessen, einzukaufen. Ich gehe schnell noch einmal Paprika, Zwiebeln, Brühe und Rindfleisch holen. Brauchst du auch noch etwas?“

Bianca lachte. „Nein. Ich bin wunschlos glücklich.“

„Gut. Ich bin gleich zurück. Leg dich doch noch ein bisschen hin, wenn du Fabian ins Bett gelegt hast. Du musst dich jetzt erholen“, raunte Peter Bianca zu, bevor er von dannen rauschte.

Bianca hatte Fabian gefüttert, gewickelt und in sein Bettchen gelegt. Sie selbst hatte auch die nötige Bettschwere erreicht und wollte sich gerade hinlegen, da klingelte es an ihrer Wohnungstür. Bianca freute sich, dass Peter seinen Einkauf so schnell hatte erledigen können. Schnell lief sie beschwingt zur Tür.

Als sie freudig die Wohnungstür öffnete, glaubte Bianca ihren Augen nicht zu trauen.

Peters Schwester stand vor der Tür. Kaum hatte Bianca ihr die Eingangstür geöffnet, wurde sie von ihrer liebreizenden Schwägerin mit folgenden warmen Worten bedacht:

„Mein Gott, bist du noch fett! Hast du eigentlich einen Spiegel, oder benötigst du schon zwei?

Wie kann mein Bruder dich nur ansehen, ohne zu kotzen?

Mann, bist du fett!“, wiederholte Peters liebreizendes Schwesterlein kopfschüttelnd ihre Worte beim Eintritt in die Wohnung, als hätte ihre Festplatte einen Sprung.

Ohne Bianca eines weiteren Blickes zu würdigen, stolzierte die impertinente Person an der sprachlosen Bianca vorbei in Richtung Kinderzimmer. Bianca lief schnellen Schrittes hinter ihrer Schwägerin her, um sie von der angedachten Besichtigung und Begutachtung Fabians abzuhalten.

„Ich habe Fabian erst vor einigen Minuten hingelegt. Lass ihn bitte schlafen. Du wirst ihn in seinem Leben noch öfter sehen, als dir lieb ist“, versuchte Bianca ihre Schwägerin von ihrem Vorhaben abzubringen.

„Na, wenn du meinst. Du musst es ja wissen“, gab ihre Schwägerin ihr schnippisch zur Antwort. Drehte sich majestätisch um und schritt den langen Flur zurück in Richtung Wohnzimmer, wo sie unaufgefordert auf dem grauen Ledersofa Platz nahm.

„Willst du mir nichts zu trinken anbieten?“, fragte sie fordernd. Bianca war noch immer fassungslos wegen der beleidigenden und verletzenden Worte seitens ihrer Schwägerin.

Biancas Gedanken rotierten. Rausschmeißen oder bewirten? Das war hier die Frage. Bianca entschied sich, ihre Fassung zu behalten und sich nicht anmerken zu lassen, wie tief die Worte ihrer Schwägerin sie verletzt hatten.

„Was darf ich dir denn zu trinken anbieten?", fragte sie stattdessen.

Bianca hatte während ihrer Schwangerschaft gut dreißig Kilo zugenommen. Dass diese Kilos nicht binnen einer Woche nach der Geburt ihres Sohnes gen null gehen konnten, hätte selbst ihrer Schwägerin klar sein müssen. Im Krankenhaus hatte Bianca bereits zwanzig Kilo verloren. Die überschüssigen zehn Kilo würden auch noch den Weg von ihren Hüften finden, dafür wollte sie schon sorgen. Alles braucht halt seine Zeit. Rom wurde schließlich auch nicht an einem Tag erbaut.

Peter kam zum Glück schnell genug nach Hause, um die angespannte Situation zwischen den beiden Frauen zu entschärfen. Zum Glück der kleinen Familie hatte seine Schwester keine Zeit im Gepäck und rauschte, nachdem sie ihr Gift verspritzt hatte, wieder von dannen.

Im ersten Monat nach seiner Geburt schlief sich der kleine Prinz im wahrsten Sinne des Wortes groß. Er aß viel und gut. Er wuchs schnell. Der kleine Kerl war auf dem besten Weg, sowohl seine geringe Geburtskörpergröße als auch sein mageres Geburtsgewicht ratzfatz aufzuholen. Bereits nach kurzer Zeit hielt er sein Köpfchen alleine aufrecht. Wenn auch nur für eine kurze Zeit, wenn er auf seinem Bauch lag. Er war Peters und Biancas Sonnenschein und lachte viel. Den beiden war klar, dass Fabians Lachen lediglich ein Reflex war. Dennoch wurde beiden jedes Mal warm ums Herz, wenn er sie verschmitzt anlächelte. Wie oft stand Peter an Fabians Bett und sah ihn bewundernd an!

Bereits am 29. August, lediglich neunzehn Tage nach seiner Geburt, war Bianca das erste Mal mit Fabian beim Kinderarzt aufgeschlagen, um die Stellung seiner Hüften untersuchen zu lassen. Immerhin war er eine Beckenendlagengeburt, und es war wichtig, alle eventuell durch die Geburtslage auftretenden Fehlstellungen auszuschließen. Zu Biancas großem Glück war der Arzt, wie schon bei der ersten gründlichen Ultraschalluntersuchung, sehr mit der Hüftstellung ihres Sohnes zufrieden. Fabian wurde propper! Er wog bei seinem dreimonatigen Geburtstag 5.954 Gramm und war mittlerweile ganze 60,5 Zentimeter groß.

Seit dem 14. September 1988 konnte der kleine Knirps merklich besser sehen. Er wollte weiterhin viel essen und ausreichend schlafen, um zu wachsen. Bianca und Peter hatten ihm, wie es gute Eltern nun einmal so zu tun pflegen, ein Babylammfell in sein Bettchen gelegt. Diese Wärmequelle schien Fabian außerordentlich gut zu gefallen.

Bianca hatte seitens ihrer Ärzteschaft ein Beischlafverbot von zwei Monaten erhalten. Peter und Bianca hielten sich an dieses Verbot. An Beischlaf war zu diesem Zeitpunkt sowieso überhaupt nicht zu denken. Beide waren von den mehr oder weniger schlaflosen Nächten gerädert. Durch ihre neue Lebenssituation blieb wenig Zeit für Zweisamkeit.

Am Ende seines zweiten Lebensmonats hatte der kleine Kerl bereits seine erste Erkrankung: einen grippalen Infekt. Er hatte Schnupfen. Die kleine Nase lieferte Rotz satt.

Fabian hielt Bianca und Peter, bedingt durch seine Krankheit, gehörig in Trab.

Biancas Tipps & Weisheiten – Teil 1

Das kleine Schnullereinmaleins …

Ein guter Schnuller zeichnet sich nicht nur durch eine kiefergerechte Form des Saugers aus. Wichtig ist ferner ein möglichst großes Mundschild, damit der Sauger nicht von dem kleinen Wonneproppen verschluckt werden kann! Es sollte beim Kauf besonders darauf geachtet werden, dass alle Einzelteile fest miteinander verbunden sind und die Sauger auch häufiges Auskochen und das Sterilisieren, zum Beispiel im Vaporisator, aushalten können.

Die Sache mit Hellblau und Rosa …

Bei der Farbwahl der Babykleidung sollte man ungezwungen nach seinem eigenen Geschmack entscheiden. Nicht jedoch beim Spielzeug! Dieses sollte auf alle Fälle kräftige Farben haben. Pastelltöne kann das Baby anfangs nicht gut voneinander unterscheiden. An leuchtenden, knallbunten Spielzeugen, zum Beispiel aus Holz, hat es jedoch gleich seine Freude!

Die Wunder sind verletzlich

Auf gar keinen Fall, unter keinen Umständen, auch wenn man der festen Überzeugung ist, dass das kleine Wunderwerk der Genetik sich noch nicht bewegt, sollte das Neugeborene ohne Aufsicht auf der Wickelkommode liegen bleiben! Wenn man aus irgendwelchen Gründen das Wickeln unterbrechen muss, sollte man sich angewöhnen, den kleinen Knirps immer auf den Boden zu legen!

Einige Beispiele: Es klingelt an der Haustür, während Mami oder Papi gerade den kleinen Scheißer wickeln. Das Telefon klingelt, man möchte wissen, wer am anderen Ende der Leitung ist. Niemals, NIEMALS darf das kleine Bündel unbeaufsichtigt auf seinem Wickeltisch liegen bleiben! Gibt es im Haushalt Haustiere und der kleine Mensch soll aus diesem wichtigen Grund nicht auf den Boden gelegt werden, ist das kleine Energiebündel unbedingt in sein Bettchen zurückzulegen. Im Notfall auch nackig. Ist es kalt im Zimmer, kurz zudecken. Diese Maßnahme ist allemal besser, als das kleine Menschenkind unbeaufsichtigt unter der Wärmelampe auf der Wickelkommode liegen zu lassen.

Der kleine König und sein Gefolge

Am Anfang von Fabians zweitem Lebensmonat erfolgten weitere Antrittsbesuche im Hause Schneider. Auch Biancas Eltern und die übrigen Verwandten ließen es sich nicht nehmen, den neugeborenen Erdenbürger von Angesicht zu Angesicht in seinem Zuhause zu begegnen.

Bereits wenige Zeit später fiel erneut eine weitere Menge Neugieriger wie ein Heuschreckenschwarm in ihr Zuhause ein. Peters und Biancas Besuchermengen hielten in kleinen Grüppchen ihren Anstandsbesuch ab. Der Ansturm wollte und wollte kein Ende nehmen. Drei aufeinanderfolgende Tage schleusten Peter und Bianca mehr als dreiundachtzig Besucher durch das Kinderzimmer ihres Neugeborenen.

Am 30. September 1988 übertrat der letzte Neugierige die Schwelle ihrer Wohnung. Fabian benahm sich, wie es nicht anders von ihm zu erwarten war, vorbildlich. Schlief oder trank und ließ sich, wenn der große Hunger kam, durch nichts und niemanden an seiner Nahrungsaufnahme hindern.

Am 2. Oktober 1988 fing Fabian an, mit seinen Eltern zu kommunizieren. Er plapperte in seiner Babysprache. Seine Eltern schmolzen bei seinen ersten bewussten Tönen wie ein Eisberg in der Saharasonne. Als er sodann bewusst anfing, ihnen zuzulächeln, war es um seine Eltern komplett geschehen. Beide waren hin und weg. Sie hätten bei seinem Anblick vor Glück platzen können. So manches Mal konnten es die beiden nicht fassen. Es war ihrer beider genetisches Erbgut. Sie waren sooo glücklich!

Am Freitag, den 14. Oktober 1988 war Fabian 5.120 Gramm schwer und 65,2 Zentimeter groß.

Bis zu diesem Zeitpunkt hatte Fabian den Kontakt mit dem Wasser nicht genossen. Er brüllte laut, wenn Bianca oder Peter ihn in seine Babybadewanne setzten. Seine Aversion gegen das Baden sollte sich an diesem Tag grundlegend ändern. Zum ersten Mal konnte er nicht genug vom Baden bekommen. Er planschte und erzählte. Gluckste, wenn die Wasserspritzer von seinem unaufhörlichen Planschen in seinem niedlichen Gesicht landeten.

Nur einen Tag später, am Samstag, den 15. Oktober, bemerkte Bianca mit Verwunderung, dass ihr kleiner Sohn sabberte. *Au weia!*, dachte sie. *Hilfe, die ersten Zähnchen melden sich!*

Am Montag, den 17. Oktober war Fabian ziemlich kratzbürstig. Verzweifelt griff Bianca zur Gewährleistung ihrer Nachtruhe und der ihrer Nachbarn zu einem bereits vor seiner Geburt gekauften und bisher nicht benötigten Schnuller. Mit der Schreistoppbremse hofften Peter und Bianca ein paar Stunden Ruhe und erholsamen Schlaf sowie auch Zweisamkeit genießen zu dürfen.

Peter und Bianca hatten sexuelle Bedürfnisse. Peter mehr als Bianca. Er wollte mit ihr mindestens zweimal in der Woche schlafen. Peter schien auf Fabian eifersüchtig zu sein. Er forderte vehement bei Bianca sein Recht auf Zweisamkeit ein. Bianca und Peter stritten über ihre Vermutung, dass Peter eifersüchtig auf seinen Sohn war, oft und heftig. Peter stritt Biancas Vermutung natürlich mit Nachdruck ab. Sie liebten sich, doch beide waren mit der neuen Situation überfordert. Seit Fabians Geburt war ihr Leben komplett durcheinander. Nichts war mehr wie vorher. Ein riesengroßes Chaos war in ihrem ehemals überschaubaren Leben ausgebrochen.

Eltern werden ist nicht schwer, Eltern sein dagegen sehr. Die beiden mussten damit vertraut werden. Wuchsen jeden Tag mit ihrer neuen Aufgabe.

Als Bianca am 20. Oktober 1988 in Fabians Zimmer stolzierte, platzte sie fast vor Stolz. Fabian hob in der Bauchlage seinen Kopf an und stützte sich zur Stabilisierung auf seinen kleinen Ellenbogen ab!

Am 28. Oktober 1988 fand Fabians Schreiphase ihr jähes Ende. Des Weiteren kauften Peters Eltern Fabian an diesem Tag seinen ersten Beißring. Bianca hatte in dem Beisein ihrer Schwiegereltern nach einem Besuch beim Kinderarzt dessen Diagnose: „Durchbruch der ersten Zähne", erwähnt. Nur wenige Tage später erwischte Fabian die nächste Grippewelle.

Nur einen Monat später nahm Bianca den guten Rat eines Babyratgebers an: *Babys Turnstunden!*

Erste Übung aus Biancas Babyturnfibel:

Bianca legte Fabian in die Bauchlage. Sie umfasste seine Schultern mit den Händen und zog ihn vorsichtig zu sich hoch. Fabian versuchte seinen Kopf aus der Bauchlage heraus anzuheben und sich dabei auf der Unterlage abzustützen.

Zweite Übung aus Biancas Babyturnfibel:

Sie legte ihr Baby erneut auf seinen Bauch und hielt ihm ein Spielzeug außerhalb seiner Reichweite entgegen. Fabian stützte sich auf beide Arme und versuchte, mit einer Hand nach dem Spielzeug zu greifen. Dabei übte er automatisch das Abstützen auf dem Ellenbogen. Diese Übung war definitiv viel, viel schwieriger für Fabian, als Bianca es sich vorstellen konnte.

Bianca saß am 10. November 1988 erneut bei dem Kinderarzt ihres Vertrauens, um unter anderem Fabians Hüften via Ultraschall nachuntersuchen zu lassen. Wieder war das Ergebnis gut. Alles in bester Ordnung!

In dieser Nacht, in der Nacht vom 10. auf den 11. November 1988, schlief Fabian tatsächlich sechzehn Stunden an einem Stück, ohne Unterbrechung durch. Zumindest hatten weder Bianca noch Peter eine Schlafunterbrechung wahrgenommen. Ihre Sensoren waren mittlerweile auf Fledermaushorchfrequenz eingestellt. Jedes noch so kleine Quäken ließ einen der beiden … meistens jedoch Bianca hochschrecken und flugs an Fabians Bettchen eilen. Könnte ja was Ernstes sein. Doch an diesem Tag war alles ein wenig anders. Nicht einmal die anstehende Schluckimpfung im *Haus der Familie* ließ ihn richtig erwachen.

Bereits einen Tag später trat ein anderes Problem auf: Fabian war abermals schwer erkältet. Doch er steckte zu Peters und Biancas Glück diese Erkältung weg wie nix. Er brabbelte und erzählte in seinen wachen Phasen, als wäre er das gesündeste Kind auf der Welt. Fabian wurde – zum Glück ausschließlich über Tag – reger. Er interessierte sich mehr und mehr für seine Umwelt. Seine biologische Uhr war zu diesem Zeitpunkt ausgesprochen elternfreundlich eingestellt. Erst gegen neun Uhr dreißig forderte er Bianca zu der einen oder anderen gemeinsamen Spielstunde auf. Er wurde ferner immer putziger und niedlicher! Fabian fing an, nach jedem hingestreckten Zeigefinger zu greifen und sich an diesem zum Sitzen hochzuziehen.

Ab dem 16. November 1988 wurden Fabians Schlafphasen merklich kürzer. Er forderte vehement seine Rechte ein. Fabians Verhalten war nunmehr weniger elternfreundlich. Seine

Entwicklung kannte keine Grenzen. Er wollte mehr und mehr beschäftigt werden. Über Tag schlief er nur noch fünf bis sechs Stunden.

Eine Woche später, ab dem 23. November 1988, waren es sogar nur noch vier Stunden.

5. Dezember 1988. Fabian war putzmunter und äußerst vergnügt. Er gurgelte und gluckste, wenn er jemanden in seiner Umgebung wahrnahm. Er war ein ausgesprochen freundliches, liebes kleines Kerlchen. Er machte seinen Eltern Lust auf mehr! Peter und Bianca konnten mit ihrem Baby rundum zufrieden sein. Sie hatten ihre Reproduktion ausgesprochen gut hinbekommen.

Beide waren an ihrer neuen Situation gewachsen.

Beide hatten sich jedoch nicht nur als Eltern, sondern auch als Paar wiedergefunden.

Beide hatten nach Biancas über mehrere Wochen anhaltende Lustlosigkeit auf Nähe und Sex nach Fabians Geburt den Spaß an der Zweisamkeit zurückgewonnen. Es war für Bianca jetzt, nach ihrer Abstinenz, anders, besser als jemals zuvor.

In den zurückliegenden Wochen war es bei Bianca mehr Pflichterfüllung als Lust gewesen. Sie mochte sich nicht leiden, stand unter Starkstrom durch die neue Rolle, die sie nunmehr einnahm. Mutter, Hausfrau, Köchin und Geliebte, das war zu viel für sie. Sie musste ihren Platz in ihrem neuen Leben erst finden. Peter kam zu kurz. Mit ihm ihre sexuellen Fantasien auszuleben, hatte sie bis zu diesem Zeitpunkt weder Lust noch die nötige Ruhe. Oft genug holte er sich daher selbst einen runter. Er masturbierte für Bianca gut hörbar an so manchem Abend neben ihr unter seiner Bettdecke. Bianca war ihm für ihre Ruhephasen dankbar.

Am 22. Dezember wurden Peters und Biancas Nächte erneut kürzer. Fabian bekam seine ersten Zähne. Was bereits Monate zuvor von dem Kinderarzt angekündigt worden war, trat nun ein. Die gefürchtete Zahnphase wurde ernst! Bianca musste Fabian die weißen Stellen, an denen erkennbar war, dass sich an diesen in naher Zukunft seine Zähne ihren Weg durch das Dunkel seines Zahnfleisches bahnen würden, regelmäßig kühlen. Zusätzlich galt es, die Durchbruchstellen mehrmals täglich mit dem damaligen Wundermittel „Dentinox" einzureiben.

Das Leben über Tag, Peters und Biancas Alltag, wurde von Fabian zusehends bewusst wahrgenommen. Sein Interesse an der Teilnahme ihres Lebens wuchs täglich mehr und mehr. Fabian wollte sich nun, sehr zu Biancas Bedauern, nur noch begrenzt für ein Mittagsschläfchen in sein Bettchen legen lassen. Peter und Bianca ließen sich jedoch von dieser Tatsache die Lust an der Lust nicht mehr nehmen. Sie hatten dazugelernt.

Seit Anfang Dezember griff Fabian bewusst mit seinen kleinen Händen nach dem einen oder anderen Gegenstand. Bianca und Peter waren hin und weg vor lauter Elternglück.

Weihnachten, *das* Fest der Christen, Christi Geburt, stand kurz bevor. Die ganze Familie stand kopf, um das erste Weihnachtsfest des kleinen Fabian so schön wie möglich zu gestalten. Die vielen Geschenke, mit denen man einen ganzen Kindergarten hätte ausstatten können, waren schon eingekauft und eingepackt. Für den ersten Weihnachtsmann – hier war man sich im Hause Schneider einig – war Fabian noch zu klein.

Der 24. Dezember kam. Der Heiligabend war für Fabian eine offensichtliche Freude. Unter dem elterlichen Tannenbaum lagen zuhauf Geschenke. Anpacken, auspacken? Kein Problem.

Es gab ausreichend helfende Hände. Am meisten freute sich Peter, seinem Sohn beim Auspacken der vielen Kartons behilflich sein zu dürfen. Drei Tage lang war der kleine Kerl der Mittelpunkt des Weihnachtsfestes. Sowohl bei seinen Eltern als auch bei seinen Großeltern. Es war klar zu erkennen, dass ihm die Rolle als „Nabel der Welt“ ausgesprochen gut gefiel.

Fabians körperliche Entwicklung ging stetig voran. Er wollte fortan nicht mehr nur liegen. Sollte er zuvor seinen Willen diesbezüglich nicht ernsthaft genug vorgetragen haben … kein Problem für ihn. Er tat seinen Unmut beim Liegen laut, deutlich und unmissverständlich kund. Im Sitzen sah seine Welt um so vieles interessanter aus. Diese sportliche Variante des Sehens und des Gesehenwerdens wurde nun, wo er den Bogen zur Kommunikation herausgefunden hatte, nachhaltig von Fabian eingesetzt.

Sollten seine Eltern nicht zugegen sein, gern auch bei den anderen Anwesenden. Kurz vor dem Jahreswechsel bemerkte Fabian zu seiner großen Freude, dass er, sportlich wie er war, selbst die Sitzhaltung einnehmen konnte. Auch bekam er Appetit auf feste Nahrung. Jedes Mal wenn ein Mensch im Hause Schneider in Fabians Radius es wagte, sich Essbares vor seinen Augen in den Mund zu schieben, ohne ihn an den geschmacklichen Genüssen teilhaben zu lassen, riss er seinen kleinen Schnabel auf. Mit einem lauten, nicht überhörbaren Schmatzen unterstrich er seine Forderung effektvoll. Er signalisierte seinem Gegenüber so, dass er an der von ihm erspähten Leckerei etwas abhaben wollte. Fabian war im Lauf der Zeit auf den Geschmack gekommen. Er wollte nicht mehr nur flüssige Nahrung zu sich nehmen. Fabian bekam also fortan Brei oder Gläschenkost für das entsprechende Alter in verschiedenen, auf dem Lebensmittelbabymarkt befindlichen Geschmacksrichtungen zugefüttert. Dann und wann kochte Bianca selbst kleine kulinarische Gaumenergüsse für ihren kleinen Stammhalter.

Seit dem 28. Dezember brüllte Fabian nicht mehr bei jedem Aufwachen, als wäre er dem Hungertod nahe. Fabian ließ nun Gnade vor Recht ergehen und gab Peter oder Bianca Zeit, sich morgens nach dem Aufwachen zu sammeln, bevor sie ihn fütterten. Er schnatterte von einem auf den anderen Tag nach dem morgendlichen Erwachen wie ein Großer mit seinen in seinem Bett befindlichen Plüschtieren und dem über seinem Bett herunterhängenden Mobile. Dieser Umstand der körperlichen und geistigen Weiterentwicklung war wohltuend für das malträtierte Gehör seiner Eltern.

Das Silvesterfest stand an, der 31. Dezember! Fabian war fast fünf Monate alt. Genau genommen vier Monate und einundzwanzig Tage. Bianca und Peter hatten Gäste eingeladen. Vierzehn Freunde kamen, um mit ihnen gemeinsam das alte Jahr 1988 zu verabschieden und das neue Jahr 1989 willkommen zu heißen. Bianca hatte Bedenken, dass ihr Baby durch die laute Musik und das Knallen zur Begrüßung des neuen Jahres wach werden würde. Dass er überfordert wäre. Weit gefehlt! Fabian ließ sich nach seiner letzten Mahlzeit und dem Anlegen einer sauberen Windel frisch gecremt und geknuddelt ins Bettchen tragen und war kurze Zeit später bereits in seinem Traumwunderland. Aus diesem ließ er sich zum Glück seiner Eltern und aller weiteren Anwesenden nicht vertreiben. Er schlief tief und fest. Wenn Fabian einmal schlief, hätte man neben ihm eine Bombe explodieren lassen können. Er wäre von dem Knall nicht aufgewacht. Diese Eigenschaft hatte er von Bianca geerbt. Auch ihr war dieses Schlafverhalten von Natur aus gegeben. Wenn sie schlief, schlief sie fest. Fast schon komatös.

Biancas Tipps & Weisheiten – Teil 2

Weißt du, wie viel Sternlein stehen …

Wenn es am Abend so oder ähnlich aus der einen oder anderen Spieluhr, aus dem einen oder anderen Kinderzimmer oder über dem einen oder anderen Kinderbettchen erklingt, heißt es für die Babys mit großer Wahrscheinlichkeit: Gute Nacht!

Eine Spieluhr mit einem schönen Klang, einem eingängigen Lied ist das wahrscheinlich schönste erste Spielzeug. Jedoch steht auch ein Mobile oder ein Klangspiel, falls noch nicht vorhanden, ganz oben auf Babys Wunschliste.

Alles fest im Griff

Wenn das berühmte Bäuerchen, auch Rülpser genannt, nach den Mahlzeiten nicht erfolgt beziehungsweise nicht kräftig genug ausfällt, können unter Umständen gemeine Blähungen auftreten. Diese können den neuen Erdenbürgern und seinen Eltern großen Ärger bereiten. Der Fliegergriff könnte in diesem Fall Abhilfe schaffen. Das Baby in der Bauchlage auf den Unterarm legen. Sein Köpfchen ruht auf Mamas oder Papas Armbeuge. Dann wird der Windelpupser in dieser Position getragen. Das Tragen in dieser Bauchlage bringt viel Körperkontakt, Wärme und bestenfalls die gewünschte Hilfe. Sprich, der kleine Scheißer kann endlich pupsen.

Liebevolle Pflege und Kuscheln satt …

Die kleinen Menschenkinder möchten nicht nur satt und sauber sein. Nein, sie möchten viel mehr! Sie benötigen vom ersten Tag ihres Lebens an eine große Portion Liebe ihrer Eltern! Babys möchten auf den Arm genommen, gestreichelt und geknuddelt werden. Sie möchten, dass man mit ihnen kuschelt, und sie haben es sehr gerne, auf den nackten Bauch ihrer Eltern gelegt zu werden. Sie möchten, wenn es ihnen nicht gut geht, wenn sie nicht schlafen können, den vertrauten Herzschlag ihrer Mama hören. Sie möchten die Fürsorge, die Nähe und die Liebe ihrer Eltern spüren. So oft wie möglich. Nein, im Prinzip immer! In den ersten Lebensmonaten können die kleinen Windelscheißer nicht genug verwöhnt werden. Je mehr zärtliche Zuwendung den Wonneproppen beim Wickeln, Füttern, Baden, Spielen geschenkt wird, umso ausgeglichener werden sie sich aller Wahrscheinlichkeit nach entwickeln.

Tja, die kleinen Racker sind wahre Zeitfresser! Sie rauben den Eltern Energie, Schlaf, Freizeit. Manchmal auch Freunde. Wenn dem einen oder anderen Elternpaar das nur jemand vorher gesagt hätte … Es gibt trotzdem nichts Schöneres!

Dabei sein ist alles

Mit einer Tragehilfe ist das Baby immer dabei. Tragetücher, Tragesitze vermitteln den Windelpupsern Geborgenheit durch den ständigen Körperkontakt. Stundenlang können die Wonneproppen so an Mamis oder Papis Schulter schmusen. Die gespreizte Sitzhaltung in diesen Vorrichtungen ist im Übrigen gerade in den ersten Monaten gesund für die kleinen Menschenkinder! Mami oder Papi werden durch dieses Wunderhilfsmittel freie Hände beim Einkaufen und bei der zu verrichtenden Hausarbeit haben. Eins sei in jedem Fall garantiert: Von allein wird nichts im Haushalt passieren! Versprochen! Kein Kobold wird sich der zu verrichtenden Hausarbeit außerplanmäßig annehmen. Die lästige Hausarbeit wartet äußerst geduldig und nachsichtig bis zu deren Erledigung auf die glücklichen Eltern.

Des Zappelphilipps Maniküre

Zum wöchentlichen Zeremoniell gehört auch die Maniküre. Die Fingernägel unserer kleinen Stars wachsen enorm schnell. Nicht jeder kleine Erdenbürger mag beim Schneiden seiner Fingernägel stillhalten. Sollte das eine oder andere Schätzchen keine Lust zu diesem Teil der Körperpflege haben, zappeln, schimpfen und nicht stillhalten wollen, ist mein Tipp: warten, bis der kleine Zappelphilipp schläft. Sodann kann die Pflege ganz einfach und völlig unkompliziert vonstattengehen.

Baby allein zu Haus?

Eine enorm wichtige Frage sollte noch geklärt werden: Darf man sein Baby allein lassen?

Auf keinen Fall! Selbst ein Baby, das bereits jede Nacht durchschläft, kann in der einen oder anderen Schlafphase ohne ersichtlichen Grund aufwachen. Besser ist es, im Bedarfsfall einen liebevollen Babysitter zu organisieren. Am besten vor dem ersten Ausgehen die beiden miteinander bekannt machen … dann bleibt das große Chaos aus! In jedem Fall ist es sinnvoll, dem Babysitter die Handynummer mitzuteilen. Natürlich die eigene. Nur so, zur Beruhigung. Selbstverständlich für niemals eintretende Notfälle.

Babys Hausapotheke

Um für den hoffentlich ganz seltenen Fall der Fälle gerüstet zu sein, sollten in jeder Elternhausapotheke hilfreiche Dinge vorhanden sein, zum Beispiel Fieberthermometer, gerne für die Stirn- oder Ohrmessung.

Kamillen-, Fenchel- und Pfefferminztees sind in ihrer Bekömmlichkeit unumstritten!

Doch nun mal Butter bei die Fische: Am besten spricht man mit dem Kinderarzt seines Vertrauens eine Notversorgung für sein kleines Baby durch. Dann sollte im Fall eines Falles nichts mehr schiefgehen.

Raus in die Natur

Die tägliche Fahrt ins Grüne zum Tanken des wichtigen Vitamin D darf nie fehlen! Vom Kinderwagen aus die Welt entdecken. Wolken, Bäume, Vögel, bestenfalls die Sonne, manchmal den Wind, schlimmstenfalls den Regen kennenzulernen, das ist für kleine Windelpupser ein tolles, nicht zu unterschätzendes Vergnügen. Davon kann ein Baby nie genug bekommen. An keinem Tag im Jahr. Frei nach dem Motto: „Eine Babywagenfahrt, die ist lustig, eine Babywagenfahrt, die ist schön“ geht es im besten Fall an 365 Tagen im Jahr hinaus ins Freie!

Dann wäre da noch das Abenteuer mit dem ersten Brei …

Ganz arg schlimm, wie es in dem einen oder anderen Film gern überspitzt gezeigt wird, wird es nicht.

Der Brei ist eine willkommene Abwechslung auf dem Speiseplan eines jeden Babys. Diesen zu löffeln und nicht zu trinken, nicht zu saugen, ist für die Kleinen jedoch eine riesengroße, nicht zu unterschätzende Umstellung. Die ganze Prozedur ist am Anfang der Umstellung gar nicht so leicht. Schnabel auf, Löffel rein, schlucken. Statt Mäulchen auf, saugen, schlucken … Geduld heißt das Zauberwort. Schnell werden die kleinen Knutschkugeln die Löffel zur Nahrungsaufnahme für sich entdecken. Nicht nur das. Auch werden die kleinen Erdenbürger mit den Löffeln das eine oder andere Mal gerne spielen! Sollte das Füttern vor lauter Spaß am Spiel mit dem Brei schwierig werden, kann man den kleinen Energiebündeln einfach einen eigenen Löffel zur Ablenkung in die kleinen Patschhände geben. Schwupp!, wäre durch diese Maßnahme dieses Problem gelöst.

Ausfahren in den unterschiedlichsten Jahreszeiten …
Im Winter:

Freudig werden im Winter die ersten Schneeflocken begrüßt. Winterfest verpackt kann der erste Schnee im Leben der kleinen Racker kommen. Schneeanzug oder Kapuzensack überziehen, unter der Kapuze ein Baumwollhäubchen oder eine Wollmütze auf das Köpfchen des kleinen Energiebündels setzen, Fäustlinge anziehen und Gesicht und Hals dick eincremen. So haben die Quietschkugeln und auch die Eltern viel Freude an dem regen Treiben der hoffentlich fleißigen Frau Holle.

Im Sommer:

Wenn die Sommersonne lacht, dann sind nicht nur Spazierfahrten spitze. Dann genießen die kleinen Menschenkinder die wohlige Wärme der Sonne mit größter Wonne auf dem Balkon, auf der Terrasse oder auch im Garten, im Park oder wo auch immer! Am besten gut eingecremt und an einem schattigen Plätzchen.

Unsere Finger erzählen Geschichten

Bei den nachfolgenden Fingerspielen jauchzen die Babys oft vor lauter Freude. Unbedingt ausprobieren!

Da kommt die Maus, da kommt die Maus. Klingelingeling! Istder Herr zu Haus?

Eine Hand läuft bei dem Reim quer über den Körper bis zum Ohrläppchen und zieht ganz sanft daran.

Das ist der Daumen, der schüttelt die Pflaumen, der hebt sie auf, der trägt sie nach Haus, und der Klitzekleine isst sie alle, alle auf.

Passend zum Text werden die einzelnen Finger gezeigt.

Geht ein Mann die Treppe rauf, klopft an, bim, bam, guten Tag, Madame!

Zwei Finger wandern den Arm hoch, stupsen sanft auf die Nasenspitze, zupfen ein bisschen am Ohrläppchen und hüpfen den anderen Arm wieder hinunter.

Daumen, bück dich, Zeigefinger, streck dich, Mittelfinger, dreh dich, Ring finger, heb dich, Kleiner, duck dich.

Erst spielen die Finger der rechten Hand den Vers durch, dann folgen die der linken Hand.

Der Rücksitz im Auto ist für das Kind reserviert!

Der Platz auf Mamis, Papis oder welchem Schoß eines Erwachsenen auch immer ist selbst bei den kürzesten Autofahrten für Babys und Kleinkinder zu gefährlich. Einzige Ausnahme, als Beifahrer agieren zu dürfen, ist für die kleinen Menschenkinder eine Babyschale, die auf den Beifahrersitz gestellt werden darf und mit dem Sicherheitsgurt befestigt werden muss. Ansonsten gehört der Kindersitz immer auf den Rücksitz. Auch hat das Kinderwagenoberteil auf dem Rücksitz genügend Platz, wenn dieses quer zur Fahrtrichtung gestellt wird. Im Fachhandel gibt es entsprechende Gurtvorrichtungen zu kaufen. Diese großartige Möglichkeit des Kindertransports während der Autofahrt ist hervorragend für lange Wegstrecken einsetzbar.

Mit Kind und Kegel in den Urlaub?

In ihrem Zuhause fühlen sich die kleinen Windelscheißer am allerwohlsten. Von Klimaumstellung und einer neuen, unbekannten Umgebung dagegen halten die meisten Babys und Kleinkinder nicht allzu viel. Über eventuelle Reisepläne kann man jedoch immer mit dem behandelnden Kinderarzt sprechen. Dieser kann genau sagen, worauf bei dem jeweiligen Kind geachtet werden muss.

Kinder, wie die Zeit vergeht …

Wow, wie die Zeit verging! Biancas und Peters kleines Wunder war mittlerweile im sechsten Lebensmonat. Er war schon fast ein halbes Jahr alt! Fabian war bis auf eine nicht unwesentliche Einschränkung putzmunter. Seine ersten Zähne brachen immer noch step by step durch und machten ihm und seinen Eltern ordentlich zu schaffen. An ein geregeltes intimes Paarleben war zu diesem Zeitpunkt nicht zu denken. Durch Fabians Zahnen waren Peter und Bianca angespannt wie Bögen vor dem Abschuss eines Pfeils. Fabians nächtliches Krakeelen mischte zudem so manche weitere Wohngemeinschaft im Haus ganz kräftig auf.

Am Montag, den 9. Januar des Jahres 1989 fand das kleine Schneiderlein einen großen Gefallen daran, zu stänkern. Er kniff und biss seinen Eltern in die Nase, wenn diese in Reichweite seiner Hände beziehungsweise seines Mundes geriet. So was aber auch!

Am darauffolgenden Mittwoch, den 11. Januar 1989 bestand Fabian mit kräftigem Nachdruck zum ersten Mal in seinem kurzen Leben auf ausschließlich feste Nahrung. Er verweigerte Bianca erfolgreich die gereichte Milchflasche als Nahrungsergänzungsmittel.

Einige Tage später, am 23. Januar, gab es aus der Schneiderfamilie ein Tageshighlight zu vermelden. Fabian hatte einen Zahndurchbruch. Und was für einen! Sein erster Zahn hatte in der Nacht das Licht seiner Welt erblickt. Hurra! Auch bewegte sich Fabian mehr und mehr. Was für eine große Freude! Er drehte sich aus der Bauchlage auf den Rücken und umgekehrt.

Diese neue Turnübung entdeckte die kleine Maus am 24. Januar sehr zu seiner Freude und der Freude seiner Eltern.

Junge, Junge, ab dem 29. Januar 1989 zog er sich immer sicherer eigenständig zum Stehen hoch!

Ein wichtiges Ereignis im Leben des Fabian Schneider fand am 8. Februar 1989 statt.

Der Stammhalter der Familie feierte seine Taufe. Die engere Verwandtschaft, Omas, Opas, Tanten, Onkel, drei Taufpaten, wiederum mit Anhang, waren eingeladen, Fabians Aufnahme in die Religionsgemeinschaft der Protestanten in einem feierlichen Rahmen ordentlich zu begießen. Biancas Nervosität übertrug sich an dem Tag der Tage eins zu eins auf ihr Baby. Ihr Sohn war aufgekratzt und gereizt. Er war regelrecht geladen. Nichtsdestotrotz sah der kleine Schneidersohn in seinem weißen, sündhaft teuren Taufanzug von Yves Saint Laurent zum Anbeißen aus. In diesem Outfit kam, für die stolzen Eltern klar ersichtlich, der dunkle Teint ihres Sohnes gut zur Geltung. In der Kirche war der kleine Fabian weder mit der Musikauswahl noch mit dem zur Verfügung gestellten Musikinstrument einverstanden. Kaum setzte die Orgelmusik ein, fing er lauthals an zu brüllen. Jedoch sei gesagt, dass sein Geschrei endete, wenn die Orgel verstummte. Auch die eigentliche Taufzeremonie gefiel Fabian nicht besonders gut. Als der Passtor zur Taufe ansetzte, nahm dieser das Wort „Taufe" allzu wörtlich. Er schüttete dem kleinen Täufling den gesamten Kübel Wasser über den Kopf. Fabian bedankte sich für diesen an ihm begangenen Fauxpas umgehend mit einem lauten Gebrüll.

Zu Hause, in der Wohnung seiner Eltern gesund und munter angekommen, schäkerte und lachte Fabian freundlich mit jedem Mann und jeder Frau, als wäre zuvor in der Kirche nichts geschehen. Er wusste damals schon seinen Charme bewusst einzusetzen. Der kleine Schelm!

Peter und Bianca waren sich schon lange einig. Sie wollten ein zweites Kind. Nun, wo Fabian schon mehr als sechs Monate lang ihr Leben bestimmte, dieses erfolgreich komplett auf den Kopf gestellt hatte, waren sie sich sicher. Zuvor nahm Bianca noch einige Kontrolltermine bei ihrem Gynäkologen wahr. Bei einem dieser Termine, während der Untersuchung, beantwortete der Arzt Bianca eine von ihr nicht gestellte Frage.

„Frau Schneider, Sie sind auch sechs Monate nach Fabians Entbindung immer noch nicht richtig davor. Wenn Sie sich jetzt nicht zusammenreißen, werden Sie nie wieder die Figur erlangen, die Sie vor der Geburt Ihres Sohnes hatten. Wie wollen Sie denn nach der Entbindung Ihres zweiten Kindes aussehen, wenn es mit einer zweiten Empfängnis klappen sollte?“, fragte der Arzt Bianca geradeheraus.

Rums! Diese verbale Ohrfeige saß.

Bianca war den Tränen nahe. *Nur nichts anmerken lassen,* ging es ihr durch den Kopf. Sie war jedoch eine schlechte Schauspielerin und hatte ihre Mimik nicht unter Kontrolle. Es fiel ihr schon immer schwer, mit ihrer Meinung hinter dem Berg zu halten. Doch nun, unter diesen Umständen … Wenn Blicke töten könnten, wäre ihr Arzt auf der Stelle tot umgefallen. *Du Idiot!,* dachte sich Bianca.

Wie soll ich mein Gewicht in sechs Monaten zurückgewinnen? Sie war stolz auf sich. Sie hatte immerhin schon zwanzig Kilo überzähliges Körpergewicht im Krankenhaus gelassen. Auch hungerte sie sich in den zurückliegenden sechs Monaten sechs weitere Kilo durch Stress herunter. Ein Kilo pro Monat. Läppische vier Kilo saßen nur noch zu viel auf ihren Hüften. Was sah ihr Medikus, was sie nicht sah? Wo waren denn sonst noch überschüssige Fettdepots angesammelt?

Was beschwerte sich der Knaller überhaupt? Er musste ja nicht mit ihren überschüssigen Kilos herumlaufen! Insgeheim war ihr Ehrgeiz jedoch entfacht. Ihr Arzt hatte genau ins Schwarze gezielt und getroffen. Er wusste, wie man Bianca anfassen musste. Ein intuitiver Mann halt. Kein Wunder. Er war der Mann, dem Bianca neben Peter vertraute. Er packte Bianca grob beim Schopf und zwang sie zu ihrem Glück.

Bianca ging nach dem Monolog ihres Arztes wieder regelmäßig zum vernachlässigten Sport. Machte Beckenbodengymnastik. Stellte ihre Ernährung um. Und, und, und ...

Fabians zweites Lebenshalbjahr hatte begonnen.

Ab dem 10. Februar 1989 gelang es ihm ohne Hilfe, ganz alleine seine Sitzposition einzunehmen. Er wackelte zwar hier und da noch ein wenig, aber er schaffte es. Das Wackeln hörte schnell auf, und die nunmehr gebildeten Muskeln übernahmen die Regie über seine Körperhaltung. Um Fabian im Zaum zu halten, beschloss Bianca den von ihr mit Argwohn beäugten Laufstall einzusetzen. Es funktionierte trotz aller Unkenrufe tatsächlich gut. Der kleine Fabian gewöhnte sich schnell an sein „Auffanglager“. Mehr noch, es machte den Eindruck, dass ihm sein Aufenthalt in der zwei Quadratmeter großen „Zelle“ gut gefiel. Wer hätte das gedacht?

Nur wenige Tage später erfolgte der zweite Durchbruch. Am 14. Februar 1989 bekam der kleine Fabian Schneider seinen zweiten Zahn. Auch Fabians eingeschränkter Radius vergrößerte sich zusehends. Er zeigte allen, was in ihm steckte, und fing an zu krabbeln. Doch er kannte lediglich den Rückwärtsgang. Fabian hob seinen Hintern an und robbte zur allgemeinen Belustigung aller Anwesenden ausschließlich rückwärts durch die Räumlichkeiten.

Seit dem 12. Februar stärkte er gekonnt seine Beinmuskulatur. Er tänzelte. Ging in die Knie, beugte die kleinen dicken Beinchen und stemmte sich federnd wieder ab.

Des Weiteren ergänzte sich Fabians Gebiss.

Am 10. März 1989, an seinem siebenmonatigen Geburtstag, brach endlich sein dritter Zahn durch. Der Durchbruch seiner oberen Zähne machte ihm schwer zu schaffen. Er sabberte, knurrte und rebellierte heftig und kräftig über Tag und in der Nacht.

Biancas Tipps & Weisheiten – Teil 3

Beißerchen in Sicht!

Von den durchbrechenden Zähnchen der kleinen Zuckerschnuten nur nicht verrückt machen lassen!

Wenn es beim Füttern an dem Löffel im Mund der Spatzen kratzende Töne gibt, dann könnte es so weit sein. Das erste Zähnchen des Sprösslings ist durchgebrochen.

Hipp, hipp, hurra! So unproblematisch kann das Zahnen beginnen.

Ein wenig Anatomie: Als Erstes brechen die beiden unteren Schneidezähne durch. Dann, bis zum zehnten Lebensmonat, erblicken in der Regel die ersten Schneidezähne im Oberkiefer das Licht ihrer Welt.

Später folgen in der nachfolgenden Reihenfolge die restlichen Zähne:

Die verbleibenden Schneidezähne im Ober- und im Unterkiefer, die vier Eckzähne und zu guter Letzt die Prämolaren (kleine Backenzähne) und die Molaren (große Backenzähne).

Doch – nicht vergessen – wir sind Individuen. Nichts muss, alles kann. Es kann auch komplett anders kommen. Die übliche Reihenfolge sowie der erwähnte Zeitpunkt müssen nicht immer stimmen. Zum Glück ist jedes Kind ein Unikat! Vielleicht ist Ihr Baby sogar schon mit einem Zähnchen auf die Welt gekommen. Dann … herzlichen Glückwunsch!

Hallo … wer bist du denn?

Jedermanns Sonnenschein fremdelt – meist zwischen dem 4. und dem 8. Lebensmonat. Vertrauensvoll schaut der kleine Sonnenschein in das eine oder andere ihm unbekannte Gesicht. Jeder erwidert diesen strahlenden Blick sofort gern. Wer kann bei einer so großen Charmeoffensive schon NEIN sagen? Doch, o Graus!, plötzlich, von jetzt auf gleich, wird ein imaginärer Schalter umgelegt. Die kleinen Scheißer strahlen, wenn ihnen das eine oder andere Gesicht nicht bekannt vorkommt, nicht mehr wie die hellste und wärmste Hochsommermittagssonne, sondern weinen. Sie weinen sogar auch so manches Mal bei einem bekannten Gesicht. Was nun? Beim Begrüßen von Mamas oder Papas Freunden, Nachbarn, Kollegen drehen sich die kleinen Zuckerschnuten schnell weg. Kuscheln sich ängstlich und ganz eng an ihre Elternteile. Weinen unter Umständen sogar.

Alles halb so schlimm. Das Fremdeln hat begonnen. Die kleinen Erdenbürger haben entdeckt, wer zu ihnen gehört und wer außerhalb der Familie lebt. Sie lernen deutlich und mit Nachdruck zu unterscheiden. Die kleinen Schätze müssen diese neue Erfahrung im Schutz und in der Geborgenheit ihrer Eltern verarbeiten.

Obst in Hülle und Fülle

Jetzt kann der Speiseplan der kleinen Menschen durch eine breite Obstpalette angereichert werden. Nicht nur Bananen und Äpfel schmecken. Zum Glück gibt es noch andere Obstsorten, die es je nach Jahreszeit frisch zu kaufen gibt, zum Beispiel Apfelsinen, Birnen, Pfirsiche, Kirschen, Erdbeeren, Himbeeren, Aprikosen … *what ever*. Jedoch immer vor dem Verbrauchen und Verarbeiten der Früchte daran denken, diese vor dem Pürieren gut abzuwaschen oder zu schälen.

Übrigens …
„Spielzeug fallen lassen und Mama hebt es selbstverständlich freudestrahlend wieder auf" ist wohl das in der jetzigen Entwicklungsstufe beliebteste Spiel des kleinen Menschenkindes.

Spieglein, Spieglein an der Wand …
Das erste aufregende Spiel mit einem besonderen fremden Sachgegenstand, dem Spiegel, hat der kleine Windelscheißer bestimmt schon hinter sich. Geborgen, auf dem Arm der Mama oder des Papas, hat das Menschenkind sich im Spiegel bestimmt schon entdeckt und mit seinem Spiegelbild auch schon herumgeschäkert. Jedoch hat sich der kleine Windelpupser nicht selbst erkannt. Er hat in dem Spiegel lediglich ein Gegenüber entdeckt. Dies hat ihm eventuell zuerst auch Angst gemacht. Eventuell ist er freudig auf sein Spiegelbild zugegangen. Mit klatschenden Patschhändchen hat er dieses freudig begrüßt. Wetten, dass der Spiegel, wenn er für den kleinen Menschen gut erreichbar ist, viele Spuren aufweist? Wenn es ein fleißiges Krabbelkind ist, ein richtig fideles, wird es sich mit großer Begeisterung fortan mit seinem Spiegelbild unterhalten und den Spiegel gekonnt besabbern und begrabbeln. Es ist ein Genuss, die unbändige Entdeckungslust und die Lebensfreude in diesem Spiel zu beobachten. Den Moment zu erleben, in dem das kleine Energiebündel das erste Mal bewusst sein eigenes Spiegelbild wahrnimmt. Es ist dann gewiss mindestens doppelt so alt wie bei der ersten Entdeckungstour.

Aus dem Leben eines Heros

Eine bestimmte Route hatten Bianca und Fabian für ihren täglichen Spaziergang nicht. Biancas einziges, selbst auferlegtes Muss war, dass dieser Gang nicht unter eineinhalb Stunden liegen durfte.

Am 15. März 1989 sagte sich Fabians Zahnproduktionsstätte: *„Oops, I do it again!"*, und konnte seinen vierten Zahn zum Durchbruch bewegen. Doch auch ein weiteres Ereignis sei genannt: Fabian beherrschte seit dem 1. März gekonnt den Pinzettengriff. Diese nicht unwesentliche Annehmlichkeit im Alltag erleichterte ihm das Leben ungemein. Fabian konnte nunmehr mit den Fingern greifen und benötigte zum Greifen nicht mehr seine ganze Faust.

Junge, Junge, dachte sich Bianca, als sie voller Mutterstolz ihren kleinen Sohn anschaute. Nicht vernünftig krabbeln wollen und schon das Laufen üben …

Fabian wollte seit dem 17. März immer und überall stehen. Zog sich an allen möglichen und unmöglichen Gegenständen zum Stehen hoch. Von nun an wurde Bianca morgens und auch nach seinem Mittagsnickerchen von einem in seinem Bett stehenden, wackelnden Fabian plappernd begrüßt. Auch das Drehen in seinem Bett klappte ausgezeichnet. Vorbei mit der Ruhe. Hinlegen, Klappe zu, Licht aus … Fabians Lieblingsfreund hing in seinem Zimmer an seiner Deckenleuchte mit ausgespreizten Flügeln. Ein großer, bunter Vogel, ein Papagei. Mit diesem gefiederten Holzfreund konnte sich Fabian selbst während des Wickelns auf seinem Wickeltisch sehr gut beschäftigen. Er jauchzte jedes Mal vor riesengroßer Freude, wenn er diesen fliegenden Holzpiepmatz sichtete.

Am 27. März hatte Bianca erneut einen Grund zur Freude. Fabians Gebiss vervollständigte sich mehr und mehr. Er hatte in der Nacht einen weiteren Zahndurchbruch erzielt. Sein fünfter Zahn blitzte in seinen wachsenden Zahnreihen auf. Auch hatten die glücklichen Eltern das Gefühl, dass sie Fabian beim Wachsen zusehen konnten. Er maß nunmehr stattliche 70 Zentimeter. Viele Verwandte hatten bei seiner Geburt passende Kleidungsstücke gekauft. Leider wurden diese nunmehr zu klein. Bianca und Peter investierten nahezu wöchentlich in neue Kleidungsstücke, altersgerechtes Spielzeug und sonstiges Zubehör ihres Sohnes.

Man konnte Fabian langsam nicht einen, auch nicht noch so kleinen Augenblick unbeobachtet lassen.

Er war ein Heros.

Er versuchte, sich an allen möglichen und unmöglichen Gegenständen hochzuziehen. Immer und überall. Was so manches Mal die eine oder andere kleinere oder auch größere Gefahr für sein Wohlergehen bedeutete.

Aus der Sicht seiner Eltern wurde die Zeit mit ihm immer spannender und interessanter. Er konnte sich, wenn er wollte, bereits spitzenmäßig alleine beschäftigen. Doch immer alleine ist auch langweilig. Erblickte Fabian nun das eine oder andere bekannte Gesicht, tat er seinen Unmut über die Vernachlässigung seiner Person kund und schimpfte in einer nicht überhörbaren Lautstärke. Letztlich so lange, bis sich das Opfer seiner Begierde genötigt sah, mit ihm zu spielen.

Fabians Krabbeln wurde inzwischen auch immer sicherer. Das Mobiliar, das bisher noch nicht gesichert war, als auch die bisher noch nicht weggeräumten Gegenstände in der Wohnung seiner Eltern, die eine Gefahr für den kleinen Mann darstellen konnten, wurden nunmehr zu seinem und ihrem Schutz gesichert oder weggeräumt. Nichts, aber auch rein gar nichts, war vor seinem großen Entdeckungsdrang mehr sicher.

Biancas Tipps & Weisheiten – Teil 4

Die Wohnung krabbelsicher machen!

Ab sofort ist vor den kleinen Windelpupsern nichts mehr sicher. Die kleinen Menschenkinder robben und krabbeln überallhin. So, genauso soll es auch sein! Helfen wir ihnen. Die kleinen Entdecker müssen auf ihren Entdeckungstouren ja keine bösen Erfahrungen machen. Wichtig sind in jedem Fall die Steckdosensicherungen. Bei zweihundertzwanzig Volt kann man im ungünstigsten Fall schon böse Verletzungen davontragen. Diese Erfahrung ist für die kleinen Menschenkinder völlig unnötig. Auch sind Treppen- und Türschutzvorrichtungen wichtig und sollten in jedem Fall zur Anwendung kommen. Ein Herdschutz ist ebenfalls sinnvoll.

Ansonsten heißt die Devise: *ALLES nach oben!* Ob Bücher, Topfpflanzen, Nippes, auch Ziergegenstand genannt. Für die kleinen Schnuten ist alles neu, alles ist ungeheuer interessant. Jedoch ist vieles eben auch gefährlich und zerbrechlich. Besonders die Putzmittel in der Küche und im Badezimmer oder auf dem Gäste-WC als auch die Kosmetikartikel sollten jetzt gut verschlossen auf bewahrt werden. Zumindest nicht mehr in der Reichweite der kleinen Windelpupser. Zu schnell finden all diese wunderschönen, neu entdeckten Gegenstände sonst ihren Weg in den Mund des kleinen Wunders. Dies mit zum Teil verheerenden Konsequenzen. Die kleinen Zwerge stecken alles, aber auch wirklich alles in ihre Schnuten.

Baby auf Tour …

Richtig sitzen können die kleinen Menschenkinder schon lange. Auch mit dem Löffel essen klappt bereits. Mal mehr, mal weniger gut. Jetzt ist das Menschenkind gern gesellschaftlich mit unterwegs. Beim Essen, beim Klönschnack der Eltern mit dem einen oder anderen Verwandten oder Bekannten. Dabei sein ist alles! In diesem Lebensabschnitt ist dies für den kleinen Scheißer besonders schön. Auch bei Einkäufen. Bei ausgiebigen Shoppingtouren mit Mama oder mit Papa. Selbst beim Essengehen auswärts freuen sich die kleinen Windelpupser auf ihren Sitzplatz im Hochstuhl des jeweiligen Restaurants.

Welches Trinkgefäß ist das beste? Flasche, Glas, Becher?

Die Form des Flüssigkeitsbehälters ist grundsätzlich egal. Einzig die Flasche wird langsam langweilig. Wer möchte schon immer dasselbe Einerlei? Dennoch sollte das nun gereichte Trinkgefäß zu aller Sicherheit zwei Henkel haben. Ansonsten kann sehr viel Flüssigkeit den Weg auf den Boden, der Schwerkraft sei Dank, finden.

Krabbeln ist der beste und effektivste Sport …

Welch ein großes Vergnügen, auf allen vieren die Welt zu entdecken! Keine Ecke, kein Winkel bleibt unerforscht. Der kleine Mensch genießt sichtlich seine neu erworbenen Fähigkeiten, die nächste Umgebung auf eigene Faust, ganz ohne elterlichen Beistand, zu erkunden.

Es ist sinnvoll, den kleinen Draufgängern freien Lauf zu lassen. Auch wenn es durchaus manchmal Nerven kostet.

Dem kleinen Windelpupser macht das Krabbeln nicht nur einen ungeheuren Spaß, nein, es stärkt und kräftigt auch auf ganz natürliche Art seine Muskulatur. Krabbeln ist definitiv gesund. Und ist ungeheuer wichtig auf dem Weg zu den ersten eigenen Schritten! Jetzt bloß nicht den Entdeckungseifer der kleinen Windelpupser bändigen! Über kurz oder lang findet der kleine Schatz heraus, dass er – wenn er sich an den verschiedensten Gegenständen hochzieht – stehen kann. Zum Beispiel Tische, Regale, Gardinen, Schränke, Stühle animieren die kleinen Energiebündel dazu, sich zum Stehen hochzuziehen. Sodann wird es richtig spannend, und ein „NEIN" zum Schutz des kleinen Energiebündels wird so manches Mal unvermeidlich sein!

Auf zu neuen Ufern!

10. April 1989. Fabian konnte sich mittlerweile komplett alleine, ohne fremde Hilfe, ohne jedwede Unterstützung, hinsetzen. Er lag zuvor auf seinem kleinen Bauch, robbte wie immer rückwärts und zack!, saß er auf seinem dicken Windelpopo. Er fand großen Gefallen an seiner gerade entdeckten Leibeskräftigungsübung und probierte sie immer und immer wieder, unermüdlich aus. Auch hatte er schon wieder einen weiteren Zahndurchbruch zu verzeichnen. Den sechsten. Des Weiteren schritt Fabians körperliche Entwicklung voran.

20. April 1989. Mittlerweile hatte Fabian endlich den Vorwärtsgang für sich entdeckt. Von jetzt auf gleich hatte er den Rückwärtsgang in den Vorwärtsgang umgelegt. Bianca war sprachlos vor lauter Mutterglück. Vorbei war das Robben, der alleinige Rückwärtsgang. Zunächst krabbelte er lediglich in seinem Zimmer vor und zurück. Doch bereits einen Tag später folgte er seiner Mutter mutig aus seinem Zimmer in alle Räume ihrer großen Wohnung. Es gab für ihn viel zu entdecken. Immerhin hatte er einhundertzwanzig stattliche Quadratmeter Bodenfläche zu erkunden.

Fabians siebter Zahn fand seinen Weg am 22. April 1989 nach draußen.

Nur drei Tage später, am 25. April, fand wieder ein weiterer Gast seinen Platz in seinem Mund: Zähnchen Nummer acht. Halleluja! Was für ein Radau! Fabian kämpfte nunmehr mit seinen Molaren (den großen Backenzähnen). Über Tag ließ Fabian sich nichts anmerken. Das Theater sparte er sich für die Nächte auf. Er war oft genug hundemüde, kam jedoch vor lauter Schmerzen nicht zur wohlverdienten Ruhe. Erst gegen zweiundzwanzig Uhr schlief er vor Erschöpfung endlich ein. Dafür steigerte er sein Leistungspensum über Tag. Sein Krabbeln wurde sicherer. Immer schneller, mit zum Teil rasanter Geschwindigkeit erreichte er seine auserkorenen Ziele. Er wirbelte wie ein Sturm, an manchen Tagen wie ein Hurrikan durch Biancas und Peters Wohnung. Die beiden mussten gut auf Fabian aufpassen. Da er nunmehr auch stehen wollte, krabbelte er schnell zu den Möbeln, Türen, Gegenständen, die ihm wohl am geeignetsten erschienen, seinem Vorhaben standzuhalten. Er zog sich an diesen hoch und gluckste dann jedes Mal vor lauter Vergnügen über die geglückte Umsetzung seines Vorhabens. Auch mussten Blumentöpfe und weniger stabile Gegenstände immer wieder für seine Turnübungen herhalten. Sobald der eine oder andere bis zu diesem Zeitpunkt noch nicht gesicherte Gegenstand zum Ziel seines Begehrens wurde, wurde dieser prompt von Peter oder Bianca weggeräumt.

Am 30. April 1989 setzte Peter den Lattenrost in Fabians Kinderbett von der höchsten Stufe auf die niedrigste herunter. Diese Maßnahme diente ausschließlich Fabians Sicherheit. Zu groß war die Gefahr, dass er bei seinen täglichen Turnübungen sonst aus seinem Bett fiel.

Biancas Tipps & Weisheiten – Teil 5

Loge, Reihe 2, Platz 1

Nun, nachdem die kleinen Menschenkinder sitzen können, hat natürlich auch das Autofahren eine völlig neue Dimension angenommen. Jetzt kann das kleine Wesen von seinem erhöhten Sitz aus alles prächtig beobachten. Vorausgesetzt, die Eltern oder auch sonstigen Verwandten und verantwortlichen Fahrgelegenheitsanbieter haben einen praktischen Kinderautositz. Besser ist für die ganz Kleinen eine der bekannten Babyschalen. Für die älteren Kinder ist, falls es einmal langweilig wird, das Mitführen eines weichen Spielzeugs, das bei einer Vollbremsung nicht zum Wurfgeschoss wird, recht praktisch. Sehr gute Kinderautositze TÜV-geprüft® in Topverarbeitung und in Topqualität, gibt es in jedem Babyfachmarkt. Bestimmt auch ganz in der Nähe. Es ist äußerst sinnvoll, das auserkorene Modell vor dem Einsatz mit dem kleinen Wunder auszuprobieren.

Follow me …

Große und kleine Holztiere, jedoch auch alles andere, das man hinter sich herziehen kann, begeistert die Kleinen nunmehr besonders. Fast genauso schön ist es jedoch auch, einen Turm aus Bauklötzen zu bauen. Mit der Hilfe von Papi oder Mami, doch auch jede andere helfende Hand ist natürlich als Unterstützung willkommen! Eine große Freude bereitet es den kleinen Baumeistern, ihr Bauwerk nach verrichteter Fertigstellung mit einem lauten Quietschen und freudigem Lachen wieder umzuschmeißen. Diese großartige Leistung schafft der kleine Windelpupser selbstverständlich ganz ohne Hilfe. Mit Hilfe wäre es nur halb so schön!

Auch der Ball, den die Eltern oder auch jeder andere Spielwillige wieder und wieder kullern darf, hat lange noch nicht ausgedient. Spielen ist schön und außerordentlich wichtig!

Stefanie, Vanessa, Tobias, Torben, Florian, Fabian …

Jetzt beobachtet man bei genauem Hinsehen, dass die kleinen Menschenkinder auf den Klang und den Zuruf ihres Namens bewusst reagieren. Ganz deutlich ist zu merken, dass sie ihren Namen nun zuordnen können. Die Knutschkugeln drehen sich bei Zuruf um. Ab dem achten Lebensmonat kann man dieses aktive Verhalten sehr gut beobachten.

Freiheit

Rückblickend musste Bianca feststellen, dass ihrem kleinen Sonnenschein seit seiner ersten Autofahrt nach seiner Geburt, am Tag seiner und ihrer Entlassung aus dem Krankenhaus, diese verdächtig viel Spaß bereitete. Seine Mitfahrbereitschaft hatte sich zum Glück und zur Freude aller nicht gewandelt. Ganz im Gegenteil. Fabian gluckste andauernd während der Fahrt, nun – da er sich immer besser mit seiner Umwelt verständigen konnte – sogar bereits, wenn seine Eltern ihm zu verstehen gaben, dass sie bald mit ihm Auto fahren würden. Ihm wurde auf der Autofahrt, auch wenn diese einmal länger dauerte, nicht schlecht. Das Spucken während der Fahrt überließ er anderen Kindern. Fabian quakte während der Fahrten auch nie. Das Autofahren wurde ihm nie über. Was für ein großes Glück für den Rest der Familie Schneider!

Als Bianca mit Fabian am 2. Mai 1989 den behandelnden Kinderarzt zu einer Impfung aufsuchte, war dieser mehr als überrascht von Fabians Fortschritten. Seine Entwicklungsstufe entsprach definitiv nicht dem eines acht Monate alten Kleinkindes, sondern er war auf jeden Fall schon auf der Entwicklungsstufe eines Einjährigen einzustufen. Als Bianca diese frohe Botschaft am Abend, als Peter wie immer strahlend nach seiner Arbeit durch die Wohnungstür trat, berichtete, war auch er sichtlich stolz auf seinen kleinen Nachwuchs.

Doch es kam noch viel besser. Am Nachmittag desselben Tages plapperte der kleine Fabian das erste Mal ein ganz deutliches: „MAMA“, als er seine Mutter freudestrahlend ansah. Bianca standen vor lauter Freude Tränen in den Augen.

Nur weitere zwei Tage später, am 4. Mai, plapperte er ganz laut am Morgen, als er erwachte und in seinem Bett herumzappelte, laut und deutlich: „PAPA"!

Die erste Urlaubsreise stand bevor. Es war der 4. Mai 1989. Peter und Bianca wollten Fabians Großeltern väterlicherseits besuchen, die auf einem Campingplatz im Rheinland, in Bingen am Rhein, dauercampten. Genau genommen belegten sie nicht nur einen Platz, sondern es waren zwei nebeneinanderliegende Plätze, die zu einem großen Standplatz zusammengezäunt waren. Der nunmehr große Platz war mit zwei Wohnwagen bestückt. Selbstverständlich war jeder Caravan mit entsprechendem Zubehör ausgestattet.

Zum Beispiel einem Außenzelt, einer ausreichenden Anzahl Gartenstühlen und Liegen, einem 10-Liter-Plastikeimer zum Verrichten des kleinen Geschäfts nach Einbruch der Dunkelheit.

Fabian zeigte während der langen Anfahrt – es waren rund siebenhundert Kilometer abzureißen – keinerlei Anzeichen einer Reisekrankheit. Im Gegenteil. Ihm bereitete das lange Autofahren ausgesprochen viel Freude. Für ihn schien die lange Autofahrt von mehr als acht Stunden kein Thema zu sein. Klar grummelte es in Peters und Biancas Bauch vor dem Reiseantritt bei dem Gedanken, eine siebenhundert Kilometer lange Wegstrecke mit einem Kleinkind zurückzulegen. Zurückblickend hatte ihre Zaubermaus diese lange Fahrt jedoch mit Bravour gemeistert. Rücksichtsvoll legte Peter eine ausreichende Anzahl an Pausen ein.

Als die drei Schneiderlein nunmehr auf dem Campingplatz der Großeltern ihres Kindes eintrudelten, wurden sie schon mit großer Sehnsucht erwartet. Es gab ein großes Hallo und Helau. Fabians Großeltern freuten sich wie Bolle, als sie ihren Enkel in ihrem kleinen Camperkönigreich begrüßen konnten.

Peters Eltern waren in ihrem Heimathafen Kiel Kleingärtner. Dieses Kleingärtnerkoloniedenken nahmen sie mit in die erst zwei Jahre zuvor gewonnene Camperfreiheit.

Als Bianca den großen Dauercampingplatz, zusammengefügt aus zwei kleinen Campingplätzen, zum ersten Mal betrat, war sie überrascht von der Kleingärtneridylle. Zäunchen rechts, Zäunchen links des Platzes, eine kleine Eingangspforte an der Front.

Alles hatte seine deutsche Ordnung. Auch die Gartenzwerge waren gut sichtbar angeordnet.

Bianca standen die Nackenhaare zu Berge.

Na, das kann ja heiter werden, dachte sich Bianca, als sie ihre kleinen Füße auf die heilige Camperidyllenerde setzte.

Bianca hatte sich gehörig getäuscht. Sie hatte am Anfang der Reise große Bedenken, was die Reise und überhaupt das ganze Drumherum anging. Das Campen, die Gemeinschaftsduschen, die Gemeinschaftstoiletten und alles, was noch zu einem erfüllten Camperleben gehörte, bereiteten Bianca großes Bauchweh. Bianca war keine Camperin. Das Übernachten in einem beweglichen Haus auf vier Rädern war definitiv nicht ihr Ding. Erschwerend kam noch das Teilen der Sanitäranlagen mit fremden Menschen aus aller Herren Länder hinzu. Die gesamte Anlage war jedoch entgegen ihrer negativen Erwartungshaltung wunderschön. Die Wohnwagenanlage lag in einer Talzunge zwischen Weinbergen und Burgen. Am Anfang des mittelrheinischen Weltkulturerbes. Nur ein schmaler Zufahrtsweg lag zwischen dem Platz und dem Rheinufer. Die Aussicht auf die wunderschöne Umgebung, die gerahmte idyllische Grußkartenlandschaft, entschädigte Bianca für alles auf sich genommene und letztlich tatsächlich überlebte Übel. Auch für die überfüllten Gruppenwaschräume und die dreckigen Gemeinschaftstoiletten.

Als sie dann elf Tage später die Heimreise antraten, waren alle Schneiderlein braun gebrannt, gut gelaunt und bestens erholt. Bianca war trotz aller Vorbehalte eines Besseren belehrt worden. Das Campen war nicht so schlimm, wie es anfänglich den Anschein in ihr erweckt hatte. Mehr noch … rückblickend war es für alle Beteiligten eine wunderschöne Reise. Sie hatten während der vergangenen Tage wirklich viel Spaß miteinander gehabt. Die drei Schneidergenerationen unternahmen ausgesprochen viel miteinander.

Allerdings verlief die Rückfahrt nicht annähernd so entspannt wie die Hinfahrt.

Fabian maulte und maulte, was das Zeug hielt. Das erste Mal über eine längere Wegstrecke. Fabian war äußerst konsequent in seinem Quaken. Es konnte gut sein, dass ihm die Hitze im Wagen zu schaffen machte. Das Thermometer zeigte mehr als zweiunddreißig Grad Außentemperatur im Schatten an. Peter und Bianca wussten das laute Gejammer nicht anders zu deuten. Auch frisch gewickelt und gefüttert gab er keine Ruhe.

Vier Tage später. Wieder gesund und putzmunter in ihrer wunderschönen Residenz angekommen, versuchte Fabian äußerst intensiv und mit großem Nachdruck, sich an den Möbelstücken in der elterlichen Wohnung fortzubewegen.

Besser noch, er lief! Wenn auch noch nicht freihändig. Doch er lief.

Wenn er merkte, dass es kein Weiterkommen gab oder seine kleinen dicken Stampfer ihn nicht mehr tragen konnten, ließ er sich fallen. Fabian fiel in diesen Fällen weich. Er plumpste auf sein durch die Windeln mehr als gut gepolstertes Hinterteil. Dieses Ritual diente lediglich dazu, sich sodann unermüdlich wieder alleine hochzuziehen. Sein Bewegungsdrang kannte keine Grenzen.

7. Juni 1989. Fabian hatte das Abräumen diverser Gegenstände auf seinen täglichen Laufreisen für sich entdeckt. Zu Biancas und Peters großem Entsetzen erfolgte diese nahezu tägliche Abräumaktion mit größter Hingabe und großer Begeisterung. Fabian wurde immer niedlicher.

Am 8. Juni 1989 lief er nunmehr völlig sicher allein an den Möbeln entlang. Es war gut zu erkennen, dass er diese Übung gut und ausdauernd trainiert hatte. Er wackelte kein bisschen mehr. Stand wie eine Kerze, GERADE!

Biancas Tipps & Weisheiten – Teil 6

Aller Anfang ist schwer …

Aller Erdanziehungskraft zum Trotz wollen Kleinkinder instinktiv nach oben. Kaum können sie richtig krabbeln, verlocken Tischbeine, Stühle, Regale, auch Gardinen und Tischdecken, wenn vorhanden, zu eifrigen Versuchen, sich aufzurichten. Wenn möglich ganz ohne Scherben. Leider funktioniert dieses Vorhaben nicht immer. Doch wir wissen ja alle: Scherben bringen Glück. Und wer hat nicht schon bewundernd einem kleinen Stehaufmännchen zugeschaut. Sich insgeheim gefragt, wo diese schier unermüdliche Energie der kleinen Menschenkinder herkommt. Hat sich gefragt, wo diese in späteren Lebensjahren geblieben ist.

Bauklötze und Geschicklichkeitsspiele

Besondere Freude machen immer noch die Bauklötze, doch auch große Duplosteine. Alternativ Dinge, die man ineinanderstecken kann. Gern als weiteres Spielzeug genommen werden Würfel, Kugeln und Gegenstände, die Löcher aufweisen. In diese können die kleinen Schätze ihre Finger hineinstecken. Beliebt sind auch Gegenstände, in denen man Dinge versenken kann. Die Öffnungen aufweisen, um in diese gekonnt Spielzeuge zu stecken. Nahezu täglich entdeckt das kleine Menschenkind nunmehr neue Details in seinem Leben. Versucht mit immer geschickteren Fingerchen, alles in seinen Griff zu bekommen. Mit dem richtigen Spielzeug gibt man den kleinen Erdenbürgern die Möglichkeit, neu gewonnene Fähigkeiten spielerisch zu erproben. Ihre Synapsen werden durch diese Dinge verknüpft und ausgebaut!

Endlich greifen …

Wenn es den kleinen Windelpupsern gelingt, mit dem Daumen und dem Zeigefinger den einen oder anderen Gegenstand zu ergreifen, diesen mit ihren zwei Fingern gar festzuhalten, gilt dieses Unterfangen als großer Erfolg. Der Kinderarzt nennt diese Fähigkeit des Greifens „Pinzettengriff".

Die ersten Worte … da-da, Ma-ma, Pa-pa?!

Ganz falsch! Bevor die kleinen Erdenbürger die ersten Silben formen, die nach „Mama" oder „Papa" klingen, kann das eine oder andere geschulte Ohr bestimmt aus dem fröhlichen Gebabbel seines Sprösslings ein deutliches „Nein" heraushören. Dies ist kein Wunder! Wird das Sprechen doch über das Nachsprechen von Gehörtem gelernt. Und das nie auf hörende NEIN in dieser Entwicklungsstufe kennt das Krabbelkind nur zu gut. Doch mit welchem Wort auch immer das kleine Energiebündel sein Sprechen beginnt, in jedem Fall kommt jetzt die Zeit, in der es alles nachplappern möchte, was man ihm erzählt. Es ist für die kleinen Racker gar nicht einfach, mithilfe von Zunge, Gaumen und Lippen die gehörten Silben und Worte nachzuformen. Diese Kunst der Kommunikation will erst gelernt werden. Die wichtigsten Lehrer sind mit Sicherheit die Eltern und die weiteren Bezugspersonen. Jedoch ist wohl die Mutter der wichtigste Mensch in dieser Entwicklungsphase. Nicht ohne Grund nennen wir unsere Sprache Muttersprache! Wenn nunmehr ganz deutlich ohne die Verniedlichung der einzelnen Worte mit dem kleinen Scheißer gesprochen wird, lernt der kleine Mensch seine Muttersprache ganz ohne Babysprache.

Auf Entdeckungstour

Am 13. Juni des Jahres 1989 erwischte Fabian das gemeine Dreitagefieber! Er fieberte hoch. Seine Körpertemperatur lag bei fast vierzig Grad. Am vierten Tag kam zusätzlich auch noch ein fieser roter Ausschlag hinzu. Ungeachtet dieses schlimmen Krankheitsbildes war Fabian zuckersüß und umgänglich. Er war nicht ansatzweise quengelig. Selbst der hinzugerufene Notarzt, den die besorgten Eltern bereits in der ersten Nacht seiner Erkrankung Hilfe suchend gerufen hatten, wunderte sich über die gute Laune des kleinen Mannes.

Die Nächte waren zu diesem Zeitpunkt durch die häufigen Kontrollgänge ins Zimmer des Erkrankten kurz im Schneiderhaushalt. Da blieb notgedrungen das eine oder andere Stelldichein der um Fabians Wohl besorgten Eltern auf der Strecke.

Ups!, dachte sich Bianca am 15. Juni auf ihrem Weg zur Küche. *Was krabbelt denn da an meinen Beinen hoch?* Der kleine Fabian war mittlerweile anhänglich wie ein treuer Hund. Er krabbelte Bianca immer und überall hinterher. Schlängelte sich, wenn sie stehen blieb, liebevoll um ihre Beine und zog sich in Windeseile an diesen hoch. Bianca konnte keinen Schritt mehr gehen, ohne dass Fabian hinter ihr herkam.

Fabian war zehn Monate alt, als er aufgrund des Durchbruchs seiner Backenzähne in der Nacht bedenklich hoch fieberte. Über neununddreißig Grad Fieber zeigte das Fieberthermometer am 18. Juni 1989 an. Bianca und Peter bekamen Panik. Bianca machte Fabian kalte Wickel. Nichts half. Peter rief zu guter Letzt den Notarzt. Dieser beruhigte die besorgten Eltern und gab ihnen den Rat, den kleinen Mann nackig auszuziehen und lediglich eine leichte Decke über ihren Spross zu legen, damit er sich nicht noch weiter auf heizen konnte. Am Morgen nach der Horrornacht sah die Welt für die besorgten Eltern schon wieder besser aus. Es gab Grund zur Hoffnung. Das Fieber war am Sinken. Doch die Angst der beiden blieb. Die Backenzähne ihres kleinen Mannes hatten noch nicht alle ihren Platz in seiner kleinen Schnute gefunden.

Seit dem 19. Juni musste Bianca ihren kleinen Stammhalter nicht mehr die Stufen in ihrem Treppenhaus hinauftragen. Nein, Fabian zog sich selbst begeistert an den Sprossen des Treppenhausgeländers empor. Die Wohnung seiner Eltern lag in der ersten Etage der fünfzehn Wohnungen umfassenden Immobilie. Somit war das Erklimmen der Stufen für ihn ein leichtes Unterfangen. Bianca platzte vor Mutterstolz. Sie lobte Fabian fleißig und spornte ihn durch ihr Lob zu weiteren Hochleistungen an.

Jedoch war nicht alles schön im Schneiderhaus. Fabian zahnte mal wieder. Er quälte sich in den Nächten und an so manchen Tagen. Es gab nur eins für Peter und Bianca: Augen zu und durch!

Die weitere Entwicklung Fabians verlief rasant schnell. Am 20. Juni hatte Bianca engeren Kontakt zu einer Mutter eines um vier Monate älteren Mädchens aufgenommen. Die vier trafen sich fortan regelmäßig unregelmäßig. Bianca bemerkte, dass der Kontakt mit der kleinen Susan ihrem Fabian guttat. Prompt entdeckte er an einem sonnigen Tag bei seiner Freundin Susan sein Genital. Bianca und Fabian waren von Susans Mutter eingeladen worden. Anlässlich ihres Besuchs hatte Susans Mutter ein Planschbecken in ihrem Garten aufgebaut, in dem Fabian und Susan herumalberten und laut und nackt planschten. In diesem warmen Wasser, umgeben von der wunderschönen Mutter Natur, nahm Fabian zum ersten Mal bewusst sein eigenes Geschlechtsteil wahr. Er war von diesem begeistert. Bianca konnte ihn nicht mit guten Worten davon abbringen, immer und immer wieder an seinem Glied herumzuspielen und dieses aufs Ärgste zu malträtieren. Er zog seinen Penis in die Länge und schlängelte ihn um seinen Zeigefinger. Bianca wunderte sich, dass Fabian an seinem empfindlichen Körperteil während seiner Entdeckungstour keine Schmerzen empfand. Sie beendete seine Selbstfindungsphase jäh und zog Fabian eine Badehose an. Begeistert war er von der rigorosen Einschränkung seiner Erziehungsberechtigten allerdings nicht. Er brüllte sie laut an und wollte sich prompt die Badehose wieder ausziehen, was sich für ihn allerdings als sehr schwer umsetzbar erwies.

Nur einen Tag später, am 21. Juni, unternahm Fabian seine ersten Schritte an den Händen seines Vaters.

Biancas Tipps & Weisheiten – Teil 7

Auch das Schlafen will gelernt sein

Nunmehr ist das kleine Menschenkind schon fast zwölf Monate alt. Was hat die kleine Zuckerschnute in dieser rückblickend kurzen Zeit nicht schon alles gelernt!

Zum Beispiel das Schlafen. Anfangs wachen die Kleinen noch völlig unbeeindruckt von der Tag- oder Nachtzeit, von hell oder dunkel noch alle drei, vier Stunden auf. Die innere Uhr läuft gänzlich anders als die biologische Uhr der Eltern. Die kleinen Menschenkinder brauchen im Schnitt zwischen sechzehn und neunzehn Stunden Schlaf. Nach gut einem Jahr sind es nur noch zwölf bis vierzehn Stunden. Im Laufe der Zeit werden aus fünf Schlafphasen drei. Eine längere Nachtphase und zwei kürzere Schlafphasen über Tag. Meistens möchten die kleinen Wesen am späten Vormittag als auch nach dem Mittagessen noch einmal eine Mütze Schlaf bekommen. Sie werden gnaddelig und wollen nur noch in ihr Bettchen, um sich groß zu schlafen. Sollte es jedoch im Moment mit dem Durchschlafen des Energiebündels immer noch nicht klappen … nur Geduld. Es kommt!

Es dauert nun wirklich nicht mehr lange.

Es will eben alles gelernt sein.

Hoppla, jetzt komm ich!

Voller Stolz und wie ein kleiner Seiltänzer, vorsichtig, langsam, Schritt für Schritt, kommt der kleine Mensch uns jetzt entgegen. Auf etwas wackeligen, krummen, manchmal dicken Beinchen. Jedoch, er kommt!

Mit großen, besonders strahlenden Augen reagiert der kleine Mensch, wenn man ihn fragt: „Wer kommt in meine Arme?“

Aus dem einst hilflosen, völlig von unserer Gunst abhängigen Wesen ist eine quicklebendige kleine Persönlichkeit geworden, die bereits seit geraumer Zeit auf ihren eigenen kleinen Füßchen stehen kann. Die Arme müssen zwar zum Halten der Balance immer noch mit hinzugenommen werden, jedoch ist dies auch nur der Anfang. Manchmal passiert es eben noch, dass die Balance nicht gehalten werden kann und der Windelpupser auf seinem bestens gepolsterten Allerwertesten landet. Doch was macht's? *Augen zu und durch*, scheint die Devise. Das Wunder der Natur schüttelt sich, rappelt sich wieder hoch und auf geht's! Zu neuen Taten und zum Entdecken neuer Ufer. Als spräche es zu sich selbst: „Nur Mut, weiter so, tschakka!"

Der nächste Meilenstein

Es war der 15. Juli 1989. Bianca saß nachdenklich auf ihrer grauen Ledercouch in ihrem Wohnzimmer und beobachtete Fabian. Voller Dankbarkeit sah sie ihn an. Jetzt war er schon ein selbstständiger kleiner Junge. Nicht mehr das kleine, hilflose Wesen von einst. Von einst? Seine Geburt lag noch nicht einmal zwölf Monate zurück!

Nachdem Fabian seit dem 21. Juli ständig an den Händen eines Erwachsenen laufen wollte, hatte Bianca die Idee, ihrem kleinen Liebling seine ersten Schuhe zu spendieren.

Somit bekam der kleine Herr Schneider am 29. Juli des Jahres 1989 sein erstes Paar Schuhe. Fabian unterließ es nicht, seinen Unmut über die Gefangennahme seiner Füße lauthals kundzutun. Zwei Tage später hatte er sich jedoch schon an die Einengung seiner Fußfreiheit gewöhnt. Es folgten in seinem weiteren Leben unzählige Paar Schuhe. Fabian wurde, so viel sei verraten, als Erwachsener ein wahrer Schuhliebhaber!

Am 2. August, kurz vor Fabians erstem Geburtstag, musste Bianca erneut zu dem Kinderarzt ihres Vertrauens. Diesmal stand die U6-Untersuchung an.

Ihr Kinderarzt war wie immer sehr zufrieden mit der Entwicklung seines kleinen Patienten. Bianca wurde durch die Untersuchung bestätigt, was sie sowieso – wie Millionen weiterer Mütter auch – zu wissen glaubte: Ihr Sohn war überdurchschnittlich weit in seiner Entwicklung. War zudem ein zweiter Einstein!

Sein Intellekt war selbstverständlich kaum zu übertreffen!

Sehr zu Biancas und Peters Kummer hatte der Kampf mit seinen Zähnen immer noch kein Ende gefunden. Diese weißen, aus Schmelz, Dentin und Zement sowie der Pulpa bestehenden Zähne wollten das Licht ihrer Welt in seinem Mund unbedingt mit großem Nachdruck entdecken. Wollten so schnell wie möglich durch das feste Zahnfleisch ihres Hosenscheißers brechen.

Es war der 8. August 1989. In genau zwei Tagen würde Fabian seinen ersten Geburtstag feiern dürfen. Bianca war im Vorbereitungsstress. Sie wollte Fabian einen schönen, rundum gelungenen Geburtstag bereiten. Zu diesem großen Anlass, eines kleinen Königs würdig, sollte es eine entsprechende Feierlichkeit geben. Bianca hatte elf Kinder aus Fabians Babyspielkreis und aus ihrem Bekanntenkreis zu diesem großen Fest eingeladen. Gefeiert werden sollte dieses große Event in dem Garten seiner Großeltern väterlicherseits. Die Überlegung seitens der glücklichen Eltern war sogar, einen Zauberer zu diesem Happening einzuladen. Letztlich lag das Nichterscheinen dieses Hofnarren einzig daran, dass sich die Parteien bezüglich des geforderten Honorars nicht einig wurden. Bianca schaffte es jedoch, auch ohne Zauberer ein gelungenes Fest, einem Einjährigen würdig, auf die Beine zu stellen. Fortuna blieb ihr hold.

Das Wetter war am 10. August 1989 prächtig! Sonne satt! Neunundzwanzig Grad Außentemperatur. Um die kleinen Menschenkinder abzukühlen, wurde sogar ein Planschbecken aufgebaut. Somit konnten sich die vielen kleinen Körper im kühlen Nass vergnügen. Selbstverständlich wurde im Garten Eden auch für reichlich Schatten gesorgt. Sonnenmilch, mit Lichtschutzfaktor dreißig, stand selbstverständlich für alle Muttis zum Eincremen ihrer kleinen Miniaturausgaben überall in der Gartenparzelle griff bereit zur Verfügung.

Am Abend nach dem geglückten Event wog Bianca ihren kleinen Prinzen. Dieser brachte nun schon über stattliche 9.600 Gramm auf die Waage und maß laut Zollstock 76 Zentimeter.

Nur einen Monat später, am 11. September, ging Fabian bereits an jeder ihm gereichten Hand spazieren.

Am 16. September benötigte er keine helfenden Hände mehr. Er lief fortan alleine durch seine Welt.

Bereits weitere zwei Tage später, am 18. September 1989, bestieg er sein Schaukelpferd allein. Auch babbelte er wieder und wieder ein nicht unerhebliches, von seinen Eltern aufgeschnapptes Wort nach. Freudig tat er seinen Eltern die Erweiterung seines Wortschatzes kund. „Heiß", warnte er Bianca, wenn sie sich am Herd zu schaffen machte.

Es war nur wenig Zeit seit seinem ersten Alleingang vergangen und schon rannte Fabian wie ein Wiesel. Als hätte er in seinem bisherigen kurzen Leben nie etwas anderes gemacht.

Fabian war toll! Dachte er doch tatsächlich an den begrenzten Geldbeutel seiner Eltern. Mit gerade einmal fünfzehn Monaten und acht Tagen piescherte er auf das neu erworbene und von Peter und Bianca immer wieder bestens präsentierte Töpfchen. Das Beste an dem Plastiktopf war jedoch, dass eine kleine Melodie ertönte, wenn Flüssigkeit in den Boden lief … diese ertönte auch beim Fallenlassen des großen Geschäfts. Fabian war jedes Mal fasziniert von seinem Schaffen und saß, um den Topf zum Klingen zu bewegen, oft länger darauf, als er musste. Er war dank der Unterstützung des klingenden Pottes schnell trocken! Einzig zur Nacht legte Bianca Fabian zur Sicherheit noch eine Windel um. Doch auch diese wurde bald nicht mehr benötigt.

Bianca nahm selbstverständlich alle Vorsorgeuntersuchungen für Fabian bei seinem Kinderarzt in Anspruch. Hätten sich Defizite in der Entwicklung eingestellt, wären diese bei den U1- bis U9-Kindervorsorgeuntersuchungen erkannt worden.

Babyproduktion – Klappe 4

Bianca passte ein Jahr nach Fabians Geburt durch den Anpfiff ihres Gynäkologen und den daraus resultierenden Sinneswandel wieder in ihre alte Kleidergröße vierunddreißig! Das sollte ihr erst einmal jemand nachmachen! Sie, Bianca Schneider, hatte es durch viel Selbstdisziplin geschafft. Sie war wieder rank und schlank! Fabian sollte nicht als Einzelkind aufwachsen. Dies war schon im Kreißsaal nach seiner Entbindung beschlossene Sache. Bianca wollte an diesem Abend eine lang gehegte Sexfantasie ausleben. Sie wollte eine knallharte Sexnacht mit Peter verbringen. Ihr angedachtes Vorhaben sollte fünfzehn Monate nach Fabians Geburt umgesetzt werden. Peter und sie hatten zum Glück keinerlei Geheimnisse voreinander. Kommunizierten bislang immer über ihre Fantasien und Wünsche im Bett. *Nichts musste, jedoch alles konnte*, war ihre Devise.

Bianca sah super aus.

Die Voraussetzungen zum Ausleben ihrer Fantasien waren gegeben. Sie wollte Peter auf eine ganz besondere Art und Weise verführen. Sie wollte ihn in einer Welt willkommen heißen, die ihnen beiden bisher fremd war. Einzig zu diesem Zweck hatte sie sich einen schwarzen Lacklederganzkörperbody mit freien Nippelblitzen aus einem Sexshopkatalog bestellt. Dieses heiße Lacklederteil war am Morgen von „ihrem“ immer schlecht gelaunten, miesepetrigen Postboten ausgeliefert worden.

Bianca war aufgeregt und wollte die Wirkung ihres neuen Kleidungsstückes noch am selben Abend ausprobieren. Fabian war von ihr abgefüttert und mit dem kompletten Rundum-sorglos-Programm ins Bett gelegt worden. In diesem schlief er nach einem kurzen Kontrollblick Biancas friedlich wie ein Murmeltier. Nun stand der Umsetzung ihres Plans nichts mehr im Wege. Bianca schlüpfte in ihr sexy Catwoman-Outfit. *Hoffentlich mache ich mich nicht vor Peter zum Honk,* war einer der Gedanken, die ihr durch den Kopf gingen, als sie in den Ganzkörperbody hineinschlüpfte. Sie hatte im Tragen von Latex keine Erfahrung. Der Einstieg in den Gummieinteiler ging leichter, als sie erwartet hatte. Vor dem Anziehen des Catsuits hatte sie ihren Körper, wie es seitens des Herstellers auf der Packung empfohlen wurde, von oben bis unten eingepudert. Bianca hatte entgegen ihren Erwartungen ein angenehmes Tragegefühl. Der prägnante Geruch des Latex war erregend. Es war stimulierend, den Körper in dem hautengen Material umschlossen zu haben. Es war ein außergewöhnliches Tragegefühl für Bianca. Aufgeregt stellte sie im Schlafzimmer Kerzen auf. Peter saß ahnungslos im Wohnzimmer vor dem Fernseher. Ahnte nicht im Entferntesten, was ihm dieser Abend noch an Erfahrungen einbringen sollte. Bianca war mit den Vorbereitungen für die Umsetzung ihrer wilden Fantasien fertig. Für sie gab es nun kein Zurück mehr.

Als sie mit ihren Vorbereitungen fertig war, rief sie Peter zu sich ins Schlafzimmer. Peter erschien leicht genervt, hatte er doch das Fußballspiel im Ersten zu Ende sehen wollen. Völlig überrascht sah er Bianca in ihrem unübersehbaren schwarzen Hochglanzlacklederganzkörperbody an.

Was hat sie jetzt schon wieder vor?, fragte er sich neugierig. Sein Interesse war mehr als geweckt. Das Fußballspiel war vergessen. Das Ergebnis konnte er auch der Presse entnehmen. Bianca merkte, wie Peters Gehirnzellen arbeiteten. Mehr Gedanken ließ Bianca nicht zu.

Sie schnappte sich Peter. Ihr Catsuit saß.

Peter war begeistert, Bianca wie Catwoman leibhaftig vor sich stehen zu sehen. Einzig ihre Brustwarzen waren frei. Diese wurden nicht vom Latex verdeckt. Ein Fakt, der sehr zu Peters sexueller Bereitschaft beitrug. Die Spiele konnten beginnen. Peter war geil. Er schmiegte sich an Bianca. Streichelte den Latexanzug. Es war für beide ein ganz außergewöhnliches Körpergefühl. Bianca schwitzte in ihrem Latexanzug, als säße sie in einer Sauna. Ihr Körper war nass. Sie war schweißgebadet. Schweißperlen rollten ihren zarten Körper, vom Nacken abwärts, zwischen ihren Beinen hinunter. Es war ein komisches, ein erregendes Gefühl – und doch kam sie sich vor wie ein Hering, der in Öl eingelegt war. Der lange Reißverschluss ihres Anzugs begann zwischen ihren knackigen Brüsten und endete über ihrem Anus. Peter öffnete den Reißverschluss ihres Mörderdings. Fickerig versuchte er, Bianca aus ihrem Hochglanzlatexganzkörperbody zu pellen. Vergebens.

„Hör nicht auf ! Zieh mich aus! Mach mich nackig!“, raunte Bianca Peter erregt ins Ohr.

DAS ließ er sich nicht zweimal sagen. Mit zitternden Händen schaffte er es schließlich, Bianca aus dem Latexanzug zu befreien. Nachdem der Reißverschluss des Latexanzugs geöffnet war, legte der Anzug Biancas Venusberg frei. Bianca war begeistert. Die Abkühlung brachte ihr und ihrer Haut Erleichterung. Sodann konnte Peter nicht mehr an sich halten. Der Spaß begann. Peter verrieb den Schweißfluss Biancas auf ihrem Leib. Er verteilte den Schweiß ihrer Brüste, ihres Bauchs bis hin zu ihrem Venushügel quer auf ihrem Körper. Sinnenfreudig massierte er ihren Körper mit ihrem eigenen Schweiß. Bianca wurde geil. Sie wollte mehr. Bianca stieß Peter zurück. Sie fühlte sich frei und begann mit ihm zu spielen. So einfach wollte sie es ihm nicht machen. Kommentarlos drückte Bianca Peter lächelnd eine große, weiße, brennende Kerze in seine rechte Hand.

„Nimm die Kerze und träufle das heiße Wachs auf meinen Körper“, sagte sie.

„Du bist doch nicht ganz echt“, antwortete Peter entsetzt.

Doch Bianca ließ nicht locker: „Komm, lass es uns versuchen. Wenn es uns nicht gefällt, hören wir auf. Lass uns ein Codewort vereinbaren. Wenn ich ‚Colibri' sage, hörst du sofort auf. Dann ist das ganze Prozedere nicht meins. Du machst bitte weiter, bis ich ‚Colibri' sage.", Bianca brachte sich in Position.

Was sie Peter verheimlichte, war, dass es sich um eine Massagekerze handelte. Wenige Minuten nach dem Anzünden bildete sich auf der Oberfläche der Kerze eine kleine Menge Massageöl. Im Gegensatz zum Paraffin wurde dieses, sich in der Kerze befindliche Sojawachs, das Massageöl enthielt,nicht sehr heiß. Das Sojawachs konnte direkt auf Biancas Körper gegossen werden, ohne ihre zarte, leicht gebräunte Haut zu verbrennen. Nach dem Anzünden verströmte diese Wunderkerze einen intensiven, aber nicht aufdringlichen Duft.

Nachdem sich Peter beruhigt hatte, brachte sie ihn auf ihre Spur. Sie zwang ihn, das heiße Wachs der Massagekerze auf ihren Bauch, ihre Brüste, ihren Schamhügel zu träufeln. Die angenehme Wärme des Wachses und seine Konsistenz erfreuten Peter. Das hochwertige Öl der Kerze ließ seine Hände sanft über Biancas Körper gleiten. Das warme Wachs ließ ihre Haut samtig werden. Währenddessen breiteten sich die angenehmen Duftstoffe der Kerzen im Schlafzimmer der beiden Akteure weiter aus. Nicht nur das. Die Duftstoffe entfalteten ihre aphrodisierende Wirkung auf Peter und Bianca. Beide waren schier wild vor Verlangen aufeinander. Nach dem Erkalten des Wachses blieben keinerlei Spuren des Wachses auf Biancas zartem Körper zurück. Das Öl zog schnell in die weiche Haut ihrer Brüste und ihres Schamhügels ein. Es hinterließ bei ihr jedoch noch viele Stunden ein samtiges, erregendes Gefühl.

Nach dem wohligen Vorspiel war Bianca zu dem großen Abenteuer bereit. Zum Stillen ihrer Neugierde gehörte eine große Menge Fantasie sowie Abenteuerlust. Bianca holte eine bereitgelegte Gerte aus dem großen Schlafzimmerschrank. Bestellt hatte sie einen Flogger, eine einundzwanzig Zentimeter lange Einstiegsluxuslederpeitsche mit einundzwanzig Lederriemen. Der Beschreibung nach sollten einem während des Einsatzes Hören und Sehen vergehen. Geliefert wurde hingegen eine sechzig Zentimeter lange Ledergerte mit praktischer Handschlaufe. Laut Beschreibung hinterließ der Schlag mit der Gerte an der Hautoberfläche einen hellen Schmerz. Dieses Modell kannte sie bisher lediglich aus einschlägigen Hochglanzversandhausmagazinen. Auch dieses Mörderdings lag dem abgegebenen Paket des muffigen Postboten vom Morgen bei. Bianca legte des Weiteren diverse, zum Ausleben ihrer heißen Fantasien bestellte und gekaufte Hardcoresexartikel, die in dieser Nacht ihren Einsatz finden sollten, für die von ihr angedachten Spiele bereit. Peitschenhiebe wollte sie spüren. Bianca war gespannt, ob die nun gelieferte Gerte das richtige „Spielzeug" für sie war. Ebenso sollten Nipple Clamps, die sich mit Schräubchen bis zur Schmerzgrenze hochdrehen ließen, bei ihr zum Einsatz kommen. Es stand einiges auf ihrem Sadomasowunschprogramm, unter anderem Penetration mit Naturdildos. Tunnel- und Stromspiele hingegen waren nicht nach ihrem Geschmack. Auf diese erotischen Rollenspiele verzichtete Bianca bewusst. Wie sie gelesen hatte, bewegten sie sich zwischen dem einvernehmlichen und dem nicht einvernehmlichen Handeln der Akteure. Sie wollte sich Peter, der die Rolle des Top (aktiven Partners) einnehmen sollte, nicht ganz ausliefern. Bianca wollte jederzeit, auch als Bottom, (passiver Partner) die Möglichkeit haben, mit einem Safeword aus einer aus ihrer Sicht – haarigen Situation – auszusteigen. Peter legte Bianca gemäß Anleitung auf der Packung die Nipple Clamps an. Die Klammern des sanften Folterutensils hatten einen Pinzettengriff und konnten während ihrer Spiele seitlich oder frontal an Biancas Brustwarzen angebracht werden. Die

Schutzhüllen der Klammern bestanden aus echtem Gummi. Dies hatte den Vorteil, dass die Klammern auch bei stärkerer Zugbelastung nicht zu leicht absprangen. Die Schutzhüllen verbreiterten zudem die Auflagefläche und verteilten somit den Anpressdruck. Die eingebaute Feder war vom Feeling genau richtig. Diese fühlte sich weder zu stramm noch zu soft an. Der Druck der Klammern war Bianca an Schmerz stark genug. Mittels der Stellschrauben mussten diese nicht von Peter nachjustiert werden. Durch die Kompression der Brustwarzen wurde Biancas Blutzirkulation beeinträchtigt.

Der Effekt war ein unglaublicher Abnehmschmerz, welcher entstand, als Peter ihr die Klammern bei ihrer Entdeckungsreise mit einem Ruck entfernte. Die Anwendung der Klammern lösten bei Bianca eine intensive Brustwarzenstimulation aus. Biancas Brustwarzen richteten sich sehr stark auf. Ihre aufgerichteten Brustwarzen luden Peter förmlich zum weiteren Quälen, Verwöhnen und Bespielen ein. Peter genoss es, Bianca sanft oder auch härter zu foltern. Beide gerieten bei dem, was sie taten, in Ekstase. Peters anfängliche Skrupel, seine Zweifel wichen. Er fand großen Gefallen an den außergewöhnlich harten erotischen Spielen.

Bianca fügte sich devot. Je größer ihr Schmerz wurde, umso größer war ihre Wonne. Es sei nicht die Lust am Schmerz, erklärte Bianca Peter in einer kurzen Verschnaufpause. Es sei Hingabe. Einmal, ein einziges Mal, sprach Bianca das zuvor vereinbarte Codewort aus.

Peter schlug Bianca mit der Gerte.

Zunächst sanft, dann wurden seine Schläge immer härter. Bianca hatte Schmerzen. Sie versuchte, sich zu entwinden. Vergebens.

„Halt still“, schnauzte Peter sie harsch an.

„Wenn du nicht stillhältst, dauert es umso länger.“

Peter verfiel in einen Rhythmus. Er streichelte und tätschelte sie zärtlich, um sie dann wieder und wieder kräftig zu schlagen.

Bianca musste ihre volle Konzentration aufbringen, um Peters harte Schläge zu ertragen.

Sie ertrug sie ohne Klage.

Biss sich dann und wann jedoch auf die Lippen, um nicht zu laut aufzuschreien.

Letztlich schlug Peter sie dann doch so hart, dass sie das Codewort „Colibri" ausrief.

Peter hatte sich kurz in seiner Rolle des brutalen Leithammels verloren. Er war während ihrer gemeinsamen Sadomasoentdeckungstour streng, sehr streng zu Bianca. Ganz entgegen seinen sonstigen Gepflogenheiten. Er gab ihr Befehle mit einer Stimme, die eine Tonlage tiefer als normal lag. Er ließ während ihrer gemeinsamen Sinnesreise keinen Widerspruch zu. Peter erregte es, dass Bianca sich ihm unterwarf. Bianca war feucht. War erregt. Sie wurde allein bei dem Gedanken, Peter über ihre Schmerzen bestimmen zu lassen, nass. Bianca erstarrte. Ohne Vorwarnung schlug Peter mit der Ledergerte auf ihr rasiertes Dreieck. Peter zwang sie durch einen starken Druck mit der Gertenspitze auf ihre Innenschenkel, ihre Beine zu spreizen. Sodann schlug er sie zwischen ihre Beine auf ihre Schenkel. Peters Augen glühten.

„Schließ die Augen!" Bianca zögerte. Doch dann schloss sie gehorsam ihre Augen.

Bianca blendete alles um sich herum aus. Sie gab sich ganz dem Schmerz hin. Peter schlug sie auf ihren Bauch, er schlug sie auf ihre Klitoris. Zwei-, drei-, viermal. Sie bekam einen Orgasmus, der sich gewaschen hatte. Unbeherrscht schrie sie laut auf. Wimmernd ließ sie ein Nachbeben ihres Orgasmus ausklingen.

Sie ergab sich unterwürfig den von Peter zugefügten Schmerzen.

Bianca sagte zu jeder seiner extrem schmerzhaft ausgeführten Gemeinheit uneingeschränkt JA. Die Schmerzen betäubten ihre Sinne.

Eine Frau, die vor jedem Zahnarztbesuch dieselbe Angst hat wie die meisten Menschen, ließ sich von dem Mann, den sie liebte, bis zur kompletten Selbstauflösung an ihre Grenzen führen. Ihr Körper schmerzte und glühte am Ende ihrer ausufernden Nacht wie Feuer.

Nach diesem Abend waren beide um eine große Erfahrung reicher. Für beide sollte es nicht die letzte ausufernde Erfahrung sein. Beiden schmeckte ihr außergewöhnliches Erlebnis.

Beide hatten großen Gefallen an den Machtspielen in ihren eigenen vier Wänden gefunden.

Peter gefiel Biancas devote Haltung während ihres harten Sexakts gut. Daran konnte er durchaus Gefallen finden. Was die ganze neu gewonnene Welt noch intensivierte, war ihr gegenseitiges tiefes Vertrauen zueinander.

Zu ihrem Glück schlief Fabian durch und störte sie weder während dieser noch bei späteren ausufernden Erotikreisen

Babyproduktion – Klappe 5 oder … Zeit ist Geld

Zur Umsetzung ihres gemeinsamen Babywunsches schliefen Peter und Bianca täglich mindestens drei-, viermal miteinander. Oft war es eine „schnelle Nummer".

Die „schnelle Nummer" hört sich immer leicht abwertend an, jedoch warum eigentlich nicht mal einen Gang zulegen beim Sex?, ging es Bianca nach einem erfolgreichen Quickie durch den Kopf.

Zeit ist Geld, und beides hatte man nach Fabians Geburt im Schneiderhaushalt nicht mehr im Überfluss.

Statt Vorspiel, Stellungswechsel und kunstvoll herausgezögertem Orgasmus ging es nunmehr bis zu dreimal täglich im Schneiderhaushalt *richtig* zur Sache.

Peter und Bianca fielen gierig und wild übereinander her. Beide kamen schnell. Nach erfolgreichem Koitus lagen beide oft atemlos nebeneinander.

Bianca fand es herrlich. Sie fand sowieso, dass spontaner, wilder, ungezügelter Sex ein Quäntchen besser war als geplanter, sorgfältig inszenierter Sex. *Quick and dirty* statt romantisch und stimmungsvoll lautete das Vermehrungsritual im Hause Schneider.

Je nach Lust und Laune schnappte Peter sich Bianca oder umgekehrt. Sie überrumpelten einander mit ihrer großen Leidenschaft. Die verpönte schnelle Nummer war ein ziemlich heißes Ding zwischen ihnen beiden.

Perfekt komplett

Ihre häufigen Liebesspiele trugen schnell Früchte! Lediglich einen Monat nachdem Peter und Bianca sich entschlossen hatten, ihrem Hochleistungspaarungsritual zu frönen, verirrte sich einer von Peters Samenfäden in Biancas Uterus.

Schnell bemerkte Bianca, dass sie erneut schwanger war. Bereits im zweiten Monat hatte sie Spannungsgefühle in ihren Brüsten wahrgenommen. Ein Kontrollbesuch bei ihrem Gynäkologen gab ihrem Bauchgefühl recht. Sie war erneut schwanger. Bianca war bei dem Kontrolltermin ihres Gynäkologen bereits in der neunten Woche in glücklichen Umständen.

„Frau Schneider, Ihr Mann und Sie sind ungewöhnlich fruchtbar. In Ihrem Fall ist es ratsam – sollten Sie nach der Geburt Ihres zweiten Kindes keinen weiteren Kinderwunsch mehr in sich verspüren – über eine Sterilisation nachzudenken. Ob nun Sie oder Ihr Mann, aus meiner Sicht am besten beide, ist nicht relevant. Es wäre jedoch durch diesen harmlosen Eingriff gewährleistet, dass es nicht zu einer ungewollten Schwangerschaft kommt. So ein fruchtbares Elternpaar wie Sie ist mir in meiner langen Praxis nicht häufig untergekommen. Alle Achtung!“

Bianca schmunzelte.

„Herr Doktor Barsch, wie darf ich Ihre Aussage jetzt verstehen? War das jetzt nett oder böse gemeint?“

Bianca stand nach der Untersuchung von dem Untersuchungsstuhl auf, zog sich wieder vollständig an und fuhr mit ihrem kleinen Polo nach Hause zurück zu ihren beiden Männern. Sie hatte nur ein Ziel: Sie wollte beiden ihre frohe Kunde mitteilen.

In der sechzehnten Schwangerschaftswoche wachte Bianca morgens, weit vor Fabians Aufwachphase, in einer kleinen

Blutlache auf. Sie erschrak so sehr, dass sie nicht in der Lage war, sich überhaupt zu rühren. In ihrer Verzweiflung griff sie zu dem roten Telefon, das Peter neben ihrem Bett installiert hatte. Für Notfälle. Na, wenn das jetzt kein Notfall war!

Bianca rief Peter während seiner Arbeitszeit auf seinem Arbeitsplatz an. Dieser war zu ihrem Entsetzen in einer Besprechung. Ein Kollege war statt seiner an seinem Apparat.

„Bianca, ich richte ihm aus, dass du angerufen hast. Er meldet sich umgehend, wenn er aus der Besprechung gekommen ist, bei dir. Ich sorge dafür. Versprochen."

Bianca wurde wütend. Was hieß „umgehend, wenn er aus der Besprechung gekommen ist"? Sie war sich sicher, es ging um Leben und Tod! Wütend schrie sie Peters Kollegen am anderen Ende der Telefonleitung an:

„Wenn es nicht absolut wichtig wäre, hätte ich nicht angerufen. Bitte geh jetzt in diese gottverdammte Sitzung und sage meinem Mann, er möge sofort nach Hause kommen!" Peters Kollege war erstaunt über die Art und Weise, in der Bianca mit ihm sprach.

„Ja, sofort, ich gehe zu ihm und richte ihm aus, dass er umgehend nach Hause kommen soll", stotterte der geschockte Kollege in den Hörer und legte auf.

Es dauerte eine gute halbe Stunde, da vernahm Bianca Schritte in der Wohnung. Peter rief vom Flur aus laut nach Bianca.

„Peter, ich bin noch im Schlafzimmer. Ich kann nicht aufstehen. Ich liege immer noch im Bett."

„Was ist los? Was ist so wichtig, dass du mich aus der Besprechung holst und nach Hause zitierst?"

Peter stand jetzt in der Schlafzimmertür und schaute besorgt zu Bianca. Diese lag noch immer wie versteinert in ihrer Blutlache. Die Bettdecke war zurückgeschlagen, sodass für Peter die Sachlage sofort ersichtlich war.

„Mein Gott!“, schrie Peter.

„Ich hoffe nicht, dass ich eine Fehlgeburt hatte“, schluchzte Bianca laut, griff zu einem Papiertaschentuch und schnäuzte sich die Nase.

„O mein Gott! Nein, nein. Sag nicht so etwas! Wir fahren schnell in die Frauenklinik. In die Notfallambulanz. Die kennen dich ja noch von Fabians Schwangerschaft. Zieh dir nur den Mantel über“, sagte Peter und reichte Bianca ihren schwarzen Wollmantel.

In der Zwischenzeit war Fabian wach geworden. Fröhlich babbelte er vor sich hin.

Als Peter in sein Zimmer trat, wollte dieser gerade aus seinem Bettchen klettern.

„Na, kleiner Mann, was hast du denn vor? Komm, wir gehen rauf zu Oma“, sagte Peter zu Fabian und nahm ihn auf seinen rechten Arm. Gemeinsam gingen sie eine Etage höher. In der zweiten Etage besaßen und bewohnten Peters Eltern eine Dreizimmerwohnung. Peter war im Besitz eines Schlüssels seiner elterlichen Wohnung. Er klingelte kurz. Peter war hibbelig und aufgewühlt. Aus gegebenem Anlass wartete er nicht, dass ihm die Tür geöffnet wurde, sondern schloss die Wohnung seiner Eltern auf. Sein Vater war bereits Stunden zuvor zur Arbeit gegangen. Peters Mutter war Hausfrau und legte bei ihrem Eintreten in der Küche Wäsche zusammen.

„Ach, hallo ihr beiden! Ich hab euch gar nicht klingeln hören. Na, alles klar? Du siehst ja so verstört aus“, richtete Peters Mutter das Wort an ihren Sohn.

„Nein, leider nicht. Ich muss mit Bianca schnell ins Krankenhaus. Sie blutet stark. Wir hoffen sehr, dass sie keine Fehlgeburt hatte. Kannst du bitte auf Fabian aufpassen? Ich habe ihn gerade aus dem Bett genommen. Er hat noch nicht gegessen. Kannst du ihm bitte etwas geben? Ich lege dir meinen Wohnungsschlüssel hin. Könntest du ihn nachher bitte anziehen?“

Schnell verließ Peter die Wohnung seiner Eltern und rauschte die eine Etage, die zwischen seiner und der elterlichen Wohnung lag, hinunter. Bianca hatte sich inzwischen das viele Blut abgewaschen und sich angezogen.

Die Stätte des Grauens blieb jedoch, wie sie war: blutverschmiert.

Sie vernahm Peters Schritte im Treppenhaus. Nach seiner Rückkehr in die gemeinsame Wohnung griff er Biancas rechte Hand und drückte diese fest.

„Alles wird gut", raunte er ihr zuversichtlich zu. Gemeinsam gingen sie die zwölf Stufen durchs Treppenhaus auf die Straße hinunter. Auf der Straße angekommen, sah Bianca erfreut, dass Peter einen Parkplatz direkt vor der Haustür bekommen hatte. Somit mussten sie nicht weit zum Auto laufen.

In der Universitätsfrauenklinik angekommen, erfuhr Bianca nach einer eingehenden Untersuchung in der Schwangerenambulanz, dass die Schwangerschaft mit ihrem zweiten Kind eine erneute Risikoschwangerschaft für sie bedeutete. Ihrem Kind ging es gut. Die behandelnden Ärzte in der Klinik empfahlen ihr jedoch eine strenge Bettruhe. Sie müsse erneut für einige Wochen mehr oder weniger liegen. Bianca nahm sich unter den gegebenen Umständen vor, kürzerzutreten, was unter den Gegebenheiten schon eine Herausforderung darstellte. Wie sollte man es schaffen mit einem 13-monatigen Kleinkind?

Eine Woche nach dem Aufsuchen des Krankenhauses fuhren Peter und Bianca zur Kontrolle zu ihrem behandelnden Gynäkologen Doktor Barsch nach Neumünster. Der Arzt untersuchte Bianca und war mit dem Untersuchungsergebnis zufrieden.

„Frau Schneider, Ihrem Baby geht es gut. Jedoch muss ich Ihnen sagen, dass ich die Meinung meiner Kollegen nicht bedingungslos unterstreiche. Ruhe sollen Sie sich selbstverständlich gönnen. Jedoch sollen Sie nicht in Selbstmitleid zerfließen!

Reißen Sie sich zusammen. Ihr Kind werden Sie nur behalten, wenn Sie dieses Kind auch wirklich wollen. Wenn Sie sich gehen lassen, helfen Sie weder dem ungeborenen Leben noch sich selbst", schloss er sein fachkundiges Urteil ab.

Bianca war nach den harten Worten wie versteinert. Nach der Ultraschalluntersuchung nahm sie das vom Arzt gereichte weiße Zellstofftuch und wischte sich das aufgetragene Gel von ihrem runden Bauch.

Wie konnte ihr Arzt so mit ihr reden! Was glaubte er, was er ihr alles sagen konnte? Frechheit! Bianca zog sich nachdenklich an. Ging in das Sprechzimmer, in dem Peter mit Fabian spielte. Die beiden waren am Puzzeln.

„Kommt ihr?", war alles, was Bianca verbal zum Ausdruck bringen konnte. Sie drehte sich um, ohne abzuwarten, und ging kommentarlos aus dem Wartezimmer und aus der Praxis. Sie war noch immer schockiert. Wie konnte Doktor Barsch so mit ihr sprechen! Schweigsam gingen Peter und Bianca mit Fabian zu ihrem Auto und fuhren ebenso schweigsam nach Hause. Nach zehn Minuten Autofahrt fragte Peter Bianca:

„Was ist los? Was hat dir Doktor Barsch gesagt? Geht es unserem Baby so schlecht, dass du selbst mit mir nicht darüber reden möchtest?"

Bianca war noch immer schlecht gelaunt.

„Nein. Nein, im Gegenteil. Es geht unserem Kind gut. Jedenfalls im Moment. Er hat mich nur wissen lassen, dass ich mich zusammenreißen soll. Ich soll nicht in meinem Selbstmitleid versinken. Nur so wäre gewährleistet, dass unser Baby auch gesund und munter am Ende meiner Schwangerschaft das Licht seiner Welt erblickt! Was sagst du dazu? Ist *das* nicht eine Frechheit? Wie kann Doktor Barsch nur *so* mit mir reden?"

Peter musste lachen. „Na, wenn das alles ist, ist doch alles halb so schlimm."

Der gut gemeinte Rat des Arztes hatte tatsächlich zur Folge, dass sich Bianca zusammenriss. Sie passte gut auf sich und ihr ungeborenes Baby auf. Sie schonte sich im Rahmen des Möglichen. Bianca vernachlässigte auf der anderen Seite den kleinen Fabian zu keiner Zeit. Dieser durfte den wachsenden Bauch seiner Mutter bestaunen und auf Wunsch jederzeit anfassen und eincremen. Als die ersten Bewegungen zu sehen und zu fühlen waren, durfte er selbstverständlich sein Geschwisterchen betasten und mit ihm durch die Bauchdecke sprechen.

Der Rest der Schwangerschaft verlief relativ komplikationslos. Bianca hatte zwar immer wieder einmal hier und da ein Zipperlein, jedoch hielt sich alles im Rahmen. Wenn sie merkte, dass das eine oder andere nicht gut für sie und ihr Ungeborenes war, nahm sie sich eine Auszeit.

Es geht looos!

Am 21. August 1990, gegen sieben Uhr in der Frühe, wachte Bianca mit leichten Unterleibsschmerzen auf. Sie stand auf und versorgte Fabian. Sie frühstückten gemeinsam. Fabian war mittlerweile zwei Jahre alt. Sein Geburtstag lag gerade einmal elf Tage zurück. Schön war's. Der zweite Geburtstag wurde kräftig mit allen Verwandten und Bekannten gefeiert.

Auf dem Frühstücksspeiseplan stand Brei für Fabian, Aufbackbrötchen für sie. Gerade als sie gegen neun Uhr fünfzehn mit dem Frühstück fertig waren, klingelte das Telefon im Hause Schneider. Bianca nahm den Hörer ab.

„Schneider", meldete sich Bianca.

Biancas Mutter war auf der anderen Seite der Leitung. Fabians Oma mütterlicherseits wollte den Stand der Dinge erfragen. Bianca erwähnte ihre leichten Unterleibsschmerzen.

Zuversichtlich sagte sie zu ihrer Mutter: „Du, den Stichtag am 3. September werde ich wohl noch erreichen."

Sie sollte sich kräftig täuschen. Das kleine Wesen in ihrem Bauch hatte die Nase voll. Ihr Nesthäkchen wollte aus ihrem Bauch schlüpfen und seine Welt entdecken. Bianca ging nach dem Telefonat mit ihrer Mutter in die Küche, um den Abwasch zu tätigen. Sie hatte zwar einen Geschirrspüler, die Töpfe wusch sie jedoch immer per Hand ab. Sie ließ gerade Wasser in die Spüle einlaufen, da knallte es laut. Es wurde warm um Biancas Beine. Blitzschnell stand sie in einer Pfütze aus Fruchtwasser. Sie wusste sofort, was los war. Wie bei ihrem ersten Sohn Fabian, bei dem ihr die Fruchtblase im Bett geplatzt war, wiederholte sich dieses Drama nun in der Küche. Bianca fühlte Panik in sich aufsteigen. Sie wackelte breitbeinig, Fruchtwasser tropfend und triefend, zum Telefon. Schnappte sich sowohl Fabian als auch das Telefon und legte sich gemeinsam mit ihrem Sohn in ihr Bett im Elternschlafzimmer. Nicht ohne vorher umsichtig einen Haufen Handtücher unter ihr Becken zu legen.

Sie rief Peter an. Er nahm nicht ab. Wenige Minuten später ging ein Rückruf ein. Ein Kollege hatte Biancas Telefonnummer auf Peters Diensttelefondisplay gesehen. Peters Kollege teilte ihr mit, dass Peter mal wieder in einer Besprechung sei. Er dürfte in dieser unter keinen Umständen gestört werden. Biancas Panik wurde mit der Aussage des Kollegen ihres Mannes nicht kleiner.

„Unser zweites Kind kommt!“, brüllte Bianca panisch in den Telefonhörer.

Fabian erschrak bei dem Gebrüll seiner Mutter und fing lauthals an zu weinen. Hilfsbereit versprach Peters Kollege ihr, ihn von der anstehenden Geburt seines zweiten Kindes zu unterrichten, sobald dieser aus seiner Besprechung kam. Sodann legte dieser den Hörer auf. Bianca fühlte sich allein. Fabian hatte sich wieder hingelegt und wimmerte nur noch leise. Er war am Einschlafen. Biancas Wehentätigkeit wurde stärker. *Komm*, dachte sich Bianca, *versuche einen klaren Kopf zu bewahren. Du hast immerhin deinen Sohn neben dir liegen. Panik hilft jetzt nicht weiter. Peter ist also mal wieder in einer Besprechung. Ist also nicht abrufbar. Du kannst nicht hier liegen bleiben und warten. Es geht los.*

Gefasst wählte Bianca die Telefonnummer ihrer Schwiegereltern. Sechs Mal ließ ihre Schwiegermutter das Telefon klingeln, bis sie endlich den Hörer abnahm.

Glück gehabt, dachte Bianca erleichtert. Ihre Schwiegermutter war zu Hause.

„Schneider“, meldete sich ihre Schwiegermutter.

„Oma, kannst du bitte ganz schnell … ach, was sage ich denn? Bitte komm umgehend zu mir. Ich liege im Bett und kann dir daher die Tür nicht öffnen. Du hast ja einen Schlüssel. Komm bitte einfach rein. Mir ist vor circa fünfzehn Minuten in der Küche die Fruchtblase geplatzt. Fabian liegt neben mir. Er schläft. Es geht los", keuchte Bianca aufgeregt unter einer Wehe in den Telefonhörer.

„Ach du Scheibenkleister! Hast du Peter schon angerufen?", entgegnete ihr ihre Schwiegermutter.

„Ja, vor zehn Minuten. Er sitzt in einer Besprechung. Ein Kollege sagte mir, er dürfte nicht gestört werden. Ich habe ihm eine Nachricht hinterlassen."

„Gut. Ich werde schnell Opa anrufen. Der soll kommen und auf Fabian aufpassen. Wir beide fahren, wenn er hier ist, sofort ins Krankenhaus."

Erleichtert legte Bianca den Hörer zurück auf die Gabel. Die Wehen kamen nun immer öfter und waren zum Teil schon sehr heftig.

Peters Eltern nannten sich seit Fabians Geburt nicht mehr bei ihren Vornamen, sondern sprachen sich mit Oma und Opa an. Anfangs lediglich, um Fabian nahezubringen, wer Oma und Opa war. Später war diese gegenseitige Anrede einfach zur Gewohnheit geworden.

Biancas Schwiegervater war als ehemaliger Busfahrer in der Leitstelle eines riesigen Verkehrsbetriebes eingesetzt. Er leitete diese. Umgehend nach dem Anruf seiner Frau bat er einen Mitarbeiter, seine Arbeit zu übernehmen.

Er setzte sich in seinen weißen Mercedes – dieser Fahrzeugtyp war das einzige Auto, das er bereit war zu fahren. Fahrig setzte er sich ans Steuer. Nur eine Viertelstunde später schlug er aufgeregt in der Wohnung auf, um seinen ersten Enkel zu beaufsichtigen. Biancas Schwiegervater war der wohl aufmerksamste, beste Großvater, den sie sich für ihre Kinder hätte vorstellen können. Er ging in seiner Rolle als Opa auf. Nichts war ihm zu viel.

Fabian konnte und durfte mit ihm alles anstellen. Nie wurde ihr Schwiegervater ungeduldig oder laut. Er liebte seinen Enkel über alles.

Nun, wo das Auto vor der Tür stand, gingen Bianca und ihre Schwiegermutter die eine Etage hinunter zu dem weißen Mercedes. Dieser war neu und roch beim Einsteigen der beiden Grazien noch richtig gut. Aus Sicherheit hatte Biancas Schwiegermutter einen Plastikkleidersack mitgenommen, auf dem Bianca nun Platz nahm. Sicher war sicher. Die Flecke des auslaufenden Fruchtwassers würde man so schnell nicht aus den Sitzen herausbekommen. So schnell und zügig, wie es der dichte Mittagsverkehr der schleswig-holsteinischen Landeshauptstadt zuließ, fuhren die beiden Frauen in die Universitätsfrauenklinik. Schnell fand sich ein Parkplatz. Gottesfügung … direkt vor der Tür.

Biancas Schwiegermutter half ihr aus dem Auto, und gemeinsam gingen die beiden Frauen durch die Glastür des Klinikgebäudes. Diese ging wie von Geisterhand leise auf. An der Anmeldung standen sie keine zwei Minuten, da kam schon eine Schwester mit einem Rollstuhl angerollt. Bianca durfte sich setzen. Die Schwester rollte Bianca in ein Untersuchungszimmer und wollte ihre Schwiegermutter verabschieden. In Bianca stieg Panik auf. Alleine stand sie das nicht durch.

Darf meine Schwiegermutter mitkommen? Ich möchte sie gern dabeihaben“, presste Bianca zwischen den Wehen hervor. Die Schwester musste lachen.

„Diese Konstellation hatten wir in unserer Klinikgeschichte zwar noch nie, doch warum eigentlich nicht?“

Biancas Schwiegermutter errötete.

Sie war sichtlich stolz. Zwar hatten Bianca und sie nicht über diesen Einsatz gesprochen, jedoch war sie sichtlich geschmeichelt. Sie, Elisabeth Schneider, durfte bei der Geburt ihres zweiten Enkelkindes dabei sein.

Während der Untersuchung musste sie jedoch draußen warten. Die Untersuchung ergab, dass der Muttermund schon fünf Zentimeter weit geöffnet war. Bianca wurde direkt, ohne Umwege in den angrenzenden Kreißsaal geschoben. Ihre Schwiegermutter als Geburtsunterstützerin kam gleich mit. Der Kreißsaal sah gut aus. Es war ein kleiner weißer Raum. Vier Bilder der unterschiedlichen Jahreszeiten hingen an den Wänden. In direkter Blickhöhe der liegenden werdenden Mutter. Bianca wurde für die anstehende Geburt vorbereitet. Sie wurde an einen herbeigeholten Wehenschreiber auf einem Tischchen mit Rollen angeschlossen. Sechs Elektroden zur Aufzeichnung ihrer Wehenaktivität wurden ihr auf ihren nackten Bauch gelegt. Als sich die Elektroden auf ihrem Bauch festsaugten, wurde es kalt. Zuvor waren die Elektroden von einer anwesenden Krankenschwester mit einer gelartigen Masse eingeschmiert worden. Bianca lag gut eine Stunde in den Wehen, da kam Peter zu Biancas großer Überraschung und noch größerer Freude gegen elf Uhr dreißig in ihr Entbindungszimmer gestürzt.

Unverblümt bat Peter seine Mutter, ihren Platz neben Biancas Kopf für ihn zu räumen. Er setzte sich auf den frei gewordenen Platz neben Bianca und strich ihr zärtlich übers Haar. Sodann nahm er liebevoll ihre Hand und küsste die bald zweifache Mama auf die Stirn.

„Ich bin jetzt hier. Jetzt wird alles gut."

Peters Mutter, Biancas Schwiegermutter, trat leise den Heimweg an. Bianca bemerkte von dem Abzug ihrer Schwiegermutter nichts. Sie hörte und sah nur noch Peter. Peter wiederum nahm den Rückzug seiner Mutter sehr wohl wahr und lächelte ihr dankbar zu.

Leise schloss diese die Tür hinter sich. Peter vernahm ein leises Klicken.

Ab vierzehn Uhr gingen die Eröffnungswehen richtig los.

Da blies die Fanfare gewaltig zum Endspurt.

Um fünfzehn Uhr sechsunddreißig erblickte Florian das Licht der Welt. Seine Geburt verlief ohne Komplikationen. Bianca entband erneut einen kleinen Jungen. Einen weiteren kleinen Erbprinzen. Wie es ihr die Ärzte zwei Jahre zuvor bei Fabians Geburt versprochen hatten, fanden sich diese alle wieder im Kreißsaal ein. Selbst die Hebamme Frau Mielke war wieder zur Unterstützung dabei. Wie schön!

Ihr zweiter Sohn wurde ebenfalls in das Tierkreiszeichen des Löwen hineingeboren. Er war ganze 47 Zentimeter groß und 2.700 Gramm schwer. Sein Kopfumfang maß 33,5 Zentimeter. Seine Augenfarbe war, wie bei Neugeborenen üblich, Blau. Er hatte eine schöne Haarpracht. Einen dunkelbraunen Flaum. Auch er war, wie einst sein Bruder, Wochen zu früh unterwegs. Der kleine Herr Schneider hatte bei seiner Geburt eine schiefe Nase. Diese galt es nun, mehrmals täglich in Form zu stupsen.

Peter und Bianca wollten das Geschlecht ihres zweiten Kindes vor der Geburt nicht wissen. Die beiden hatten sich bereits vor Fabians Geburt einen wunderschönen Mädchennamen ausgesucht. Wäre ihr zweites Kind ein Mädchen geworden, hätte dieses den Namen Vanessa bekommen. Auch einen alternativen Jungennamen hatten sie sich ausgesucht. Dennis. Doch nachdem Bianca ihren Sohn auf die Welt gepresst hatte und die Hebamme ihn ihr auf den Bauch gelegt hatte, wussten Peter und Bianca: Das ist unser Florian! Wie sein Vater und sein Bruder eine echte Kieler Sprotte!

Bianca und Florian durften fünf Tage nach Florians Entbindung die Klinik verlassen. Leider hatte Florian im Krankenhaus sein Geburtsgewicht um einhundertfünfzig Gramm dezimiert.

Sein Ankunftsgewicht in seinem Zuhause betrug nur noch 2.550 Gramm.

Biancas Tipps & Weisheiten – Teil 8

Vorbereitung zur Geburt möglich?

Die Vorbereitung auf die Geburt ist, auch wenn Bianca keine guten Erfahrungen mit dem Geburtsvorbereitungskurs zu verzeichnen hatte, aus ihrer Sicht für die mentale Unterstützung dennoch sinnvoll.

Ob eine Vorbereitung auf eine Geburt überhaupt möglich ist? Wohl kaum. Eine Geburt ist nicht planbar. Jede Geburt verläuft anders.

In jedem Fall ist ein Geburtsvorbereitungskurs sinnvoll. In den angebotenen Geburtsvorbereitungslehrgängen lernt die angehende Mutter, bestenfalls mit ihrem Partner, sich bei der Geburt auf die eine oder andere Situation einzustellen. Sicherlich ist es nicht möglich, alle Eventualitäten abzudecken. Jedoch macht die Vorbereitung nicht dümmer. Auch ist es interessant, die Meinungen und die Blickwinkel anderer werdender Eltern in Erfahrung zu bringen. Es ist in jedem Fall eine Erfahrung wert.

Die angehenden Eltern lernen in diesen Kursen den Umgang mit ihrem Baby. Lernen es zu baden, zu wickeln und zu füttern. Die Puppen, an denen man übt, sind lebensecht. Die Geburtsvorbereitung ist eine Investition, die nicht vergebens ist. Ein jeder macht in diesen Kursen seine eigenen Erfahrungen. So oder so.

Ein Unglück kommt selten allein

Florian hatte in Biancas Uterus zu viel Fruchtwasser zu sich genommen. Er hatte, wie einst sein Bruder auch, die Neugeborenengelbsucht. Die umsichtigen Kinderärzte schlugen am Tag ihrer Entlassung vor, dass sie Florian vier Tage später noch einmal in den heiligen Hallen der Klinik vorstellen sollte. Dort wollten die Ärzte zu ihrer aller Sicherheit die Gelbsuchtwerte kontrollieren. Ein Medikus hatte bei Florians Entlassungsuntersuchung vorgeschlagen, um den Prozess der Heilung voranzutreiben, für ausreichend Sonnenbestrahlung zu sorgen. Gesagt, getan. Der jüngste Spross im Schneiderhaushalt genoss umgehend nach seinem Einzug in sein Kinderzimmer mindestens zwei Stunden Sonne: hinter seinem Kinderzimmerfenster im Kinderwagenaufsatz – zusätzlich zu seinen täglichen Spazierfahrten.

Peter, Bianca, Fabian und Florian juckelten – wie mit dem Kinderarzt vereinbart – vier Tage später mit ihrem Familienauto, einem grünen BMW, gemeinsam zur Kinderklinik. Dort angekommen, wurde dem kleinen Florian für Biancas Begriff viel zu viel Blut zur Kontrolle seines Gelbsuchtwerts abgenommen. Bianca schien es, als diente ihr Sohn als Zapfsäule für Vampire. Die kleine Familie wurde gebeten, in einem kleinen, jedoch kindergerechten Wartezimmer Platz zu nehmen. Es dauerte nicht lange und Peter und Bianca waren um eine große Sorge ärmer. Die Werte waren bestens. Florian war gesund, es ging ihm gut.

Florian schlief zu Biancas großer Beunruhigung ausgesprochen viel und fest. Immer wieder ging sie über Tag und in der Nacht in sein Zimmer, um zu kontrollieren, ob er noch atmete. Oft legte sie ihre Hand auf seinen Brustkorb, um zu prüfen, ob dieser sich hob und senkte. Bianca war nach einer Woche sehr besorgt. Ihr Sohn verschlief sogar die eine oder andere Fütterung. Das war seinerzeit bei Fabian komplett anders. Fabian hatte sich immer gemeldet, wenn er Hunger hatte. Florian wollte auch wachsen. Er vergaß jedoch dabei seine Nahrungsaufnahme. Beunruhigt rief sie den Kinderarzt ihrer beiden Jungs an und fragte ihn um Rat.

„Herr Doktor Anklam, Florian verschläft immer wieder die eine oder andere Mahlzeit. Ich bin ratlos. Ich weiß nicht, was ich machen soll. Er ist doch sowieso zu dünn. Soll ich ihn zu den Mahlzeiten alle drei Stunden wecken?"

„Frau Schneider, machen Sie sich keine Sorgen. Florian holt sich schon, was er braucht. Lassen Sie ihn ruhig schlafen. Ihr Sohn weiß, was er benötigt."

Die Zeit verrann. Der Arzt hatte recht. Florian nahm interessiert und wachsam an ihrem täglichen Leben teil. Lernte jeden Tag etwas Neues hinzu. Zwei Monate nach seiner Geburt hatte Florian schon 4.490 Gramm auf seinem Habenkonto verbucht. Er hatte auch schon an Größe gewonnen und maß ganze 53 Zentimeter.

Am 3. Oktober des Jahres 1990 blickte Bianca morgens, nach dem Duschen, interessiert in den Spiegel. Über Nacht hatte sie sich immer wieder in ihrem Gesicht kratzen müssen. Nun galt es, dem fiesen Juckreiz auf den Grund zu gehen. Bei genauerer Betrachtung hatte sie tatsächlich einige mittelgroße Bläschen in ihrem Gesicht. Drei, vier vielleicht. *Ach du Scheibenkleister!*, dachte Bianca bei ihrem Anblick. Verzweiflung sprang aus ihrem Gesicht.

Sie hörte Gebabbel. Florian und Fabian waren schon wach. Fabian quasselte mal wieder wie ein Schnellzug. Florian war quakig. Bianca warf sich schnell ihren Bademantel, der an einem Haken über der Badezimmertür hing, über und lief schnurstracks in Florians Zimmer. Fabian war bereits vor ihr in das Zimmer seines Bruders gelaufen, um ebenso dem Getöse auf den Grund zu gehen. Nun, in Florians Zimmer angekommen, sah Bianca die Bescherung. Florian und Fabian sahen aus wie Streuselkuchen. Über und über mit roten Quaddeln bedeckt. Sowohl im Gesicht als auch an den sichtbaren Stellen ihrer kleinen Körper. Bianca zog ihre Kinder aus und sah das ganze Ausmaß der Bescherung. Die Pusteln waren überall auf ihren Körpern. Daher Florians Gejammer. Ihm ging es nicht gut. Florian war jedoch während und nach der Untersuchung ruhig. Er fand langsam Gefallen an seinem Hautausschlag. Interessiert betrachtete er sich, seine Mutter und seinen Bruder. Er fand die Situation mehr als lustig. Schnell zog Bianca zunächst sich an. Sodann zog sie ihre beiden Jungs an, und ab ging es mit Florians Kinderwagen und Fabians Aufsitz zu einem stadtbekannten und sehr beliebten Hautarzt. Den Aufsitz benötigte Fabian nicht ständig. Doch wenn seine kleinen Beinchen ermüdeten, war er froh, eine Weile auf dem Sitz Platz nehmen zu dürfen.

In der Praxis des Hautarztes angekommen, musste die kleine Familie Schneider circa eine halbe Stunde lang warten. Die mitwartenden Patienten in dem kleinen Wartezimmer beäugten die drei argwöhnisch und rückten ihre Stühle von ihnen ab.

Dann war es endlich so weit. Die Schneiderlein wurden aufgerufen. Der Arzt inspizierte einen nach dem anderen. Dann lachte er und meinte:

„Das ist nichts Ernstes. Bei Ihnen ist es eine Schwangerschaftsallergie. Sie reagieren auf die veränderte Hormonlage. Das wird sich geben. Einige Frauen verlieren nach dem Rückgang der Östrogene ihre Haare und Sie bekommen halt Pusteln. Bei Ihren Kindern ist es eine Lebensmittelallergie. Wenn die Quaddeln nicht innerhalb einer Woche verschwunden sind, müssen wir einen Allergietest durchführen."

Nach der Verkündung seiner Diagnose bat der kundige Medikus Bianca, das Behandlungszimmer mitsamt ihren Kindern zu verlassen, und unterstrich seine Bitte durch eine nonverbale Geste.

Soso. Eine Schwangerschaftsallergie, dachte Bianca erleichtert.

Was für eine Fehldiagnose!

Der Ausschlag verschwand nicht innerhalb einer Woche. Ohne Termin ging Bianca mit Florian und Fabian zu deren behandelndem Kinderarzt. Bei dem Arzt angekommen, ließ eine seiner kundigen Helferinnen die drei Schneiderlein gar nicht erst im Wartezimmer Platz nehmen. Sie bat die drei, in einem der Behandlungsräume auf den Arzt zu warten. Als der Kinderarzt das Behandlungszimmer betrat, musste er lachen.

„Na, Frau Schneider? Hat man Sie unter Quarantäne gestellt?"

„Ja, scheint so", antwortete Bianca ebenfalls lächelnd.

Bianca erzählte Doktor Anklam von der Diagnose seines Kollegen der Fachrichtung Dermatologie.

„Soso, eine Allergie hat mein verehrter Kollege festgestellt? Nein. Das ist keine Allergie. Sie und Ihre Kinder haben die Windpocken!"

Doktor Anklam strahlte, als hätte er den Jackpot geknackt. Er verschrieb Florian und Fabian Antibiotika zur sofortigen Einnahme. Nach der Einnahme des Antibiotikums waren Fabian und Florian offiziell nach drei Tagen nicht mehr ansteckend.

Bianca setzte sich für ihre Therapie telefonisch mit der Praxis ihres Hautarztes in Verbindung. Noch am selben Tag holte Peter ihr Rezept bei diesem ab. Entschuldigt hat sich der Arzt für seine Fehldiagnose nicht bei ihr.

Nunmehr waren fünfundsiebzig Prozent der Schneiderlein mit Windpocken infiziert. Sehr zu Peters Freude. Dieser schien immun. Hatte er doch schon als Kind diese Infektionskrankheit gut überstanden.

Nichts mit Schwangerschaftsrückbildungshormonen.

Nichts mit Allergie.

Der Dermatologe hatte lediglich keine Ahnung gehabt oder, eine andere Variante, keine große Lust verspürt, den eigentlichen Grund herauszufinden. Bianca zog Florian des Nachts Handschuhe zu seinem eigenen Schutz gegen das Auf kratzen der Windpocken an und hielt abends Fabian dazu an, sich auf keinen Fall zu kratzen.

Wie kleine Spiralen drehten sich die Windpocken an der einen oder anderen Stelle während der Gesundung aus Biancas Gesicht. Besonders aus ihrer Stirn und ihrer rechten Wange. Einzig bei ihr blieben zwei kleine Narben zurück. Ihre Söhne kamen ohne bleibenden Schaden davon.

Auch das noch! Am 24. Oktober 1990 stellte der Kinderarzt der Familie Schneider bei Florian einen Leistenbruch fest. Jedoch konnte der Arzt keinen OP-Termin bestimmen. Florians Abwehrkräfte waren durch die Bekämpfung der Windpocken und die Einnahme des Antibiotikums zu sehr im Keller. Peter und Bianca hofften sehr, dass sich seine Abwehrkräfte schnellstmöglich erholen würden.

Einen Tag nach der Diagnose Leistenbruch, am 25. Oktober, machte Florian den nächsten Sprung ins Leben. Er konnte bewusst sehen, er verfolgte die Geschehnisse innerhalb der kleinen Familie nunmehr mit Interesse. Seine Abwehrkräfte stiegen, und Florian bekam seinen OP-Termin.

Der Termin wurde auf den 2. November festgelegt. Zuvor hatten sie jedoch einen Kontrolltermin beim Kinderarzt. Bianca ging mit Florian und Fabian einen Tag vor der Operation zu ihm. Bianca hatte während Florians Untersuchung fast den Glauben an die Ärzte verloren. Trotz der Diagnose Leistenbruch war in den vergangenen Tagen nicht viel passiert. Florians Medikus hatte ihr lediglich gezeigt, wie sie die Bruchstelle im Bedarfsfall ausstreichen sollte. Nun, während der OP-Voruntersuchung, stellte der Arzt beunruhigt fest, dass die Bruchstelle sich festgeklemmt hatte. Er strich und kniff heftig in den Unterleib des kleinen Fratzes. Zum Glück bekam er die Bruchstelle wieder frei. Ansonsten hätte Bianca gleich weiter in die Klinik fahren dürfen.

Peter und Bianca hatten sich für eine ambulante Operation in einer nahen Kleinstadt entschieden. Der ortsansässige Chirurg hatte einen sehr guten Ruf. Die kleinen, frisch operierten Menschenkinder verblieben in der Tagesklinik nur einige wenige Stunden und durften sodann von ihren Eltern wieder in ihr Zuhause mitgenommen werden. Einzige Bedingung war, dass die Nachsorge bei einem Kinderarzt gewährleistet war. Dies war bei Florian der Fall.

Der Tag der Operation kam. Fabian wurde bei seinen Großeltern „geparkt“.

Ab ging die Post. Alles ging gut. Peter und Bianca empfanden Florian als ein kleines menschliches Wunder. Kaum war Florian aus der Narkose erwacht, fing er lauthals an zu glucksen und zu lachen. Der Kinderarzt besuchte den Frischoperierten gleich am Nachmittag nach seiner Operation in seinem Zuhause. Er händigte Bianca für den Notfall seine Privatnummer aus. Dieser Anruf war zum Glück nicht nötig. Alles ging gut. Die nächsten Nächte waren kurz. Den einzigen Lichtblick hatte Bianca, indem sie sich selbst immer und immer wieder einredete, dass nun nach der gelungenen Operation nur alles besser werden konnte.

Drei Tage nach Florians Operation musste Bianca Florian bei seinem Kinderarzt vorstellen.

Am 5. November 1990 stellte dieser zur Beruhigung aller fest, dass die Operationsnarbe sehr gut aussah. Es war nichts Negatives festzustellen. Zur Sicherheit wurde Florian noch gewogen. Bianca traute ihren Ohren kaum. Florian wog schon 5.100 Gramm. Wie immer fröhlich und freundlich, ließ der jüngste Schneiderspross die Untersuchung glucksend, erzählend, lachend über sich ergehen … oder war er nur schicksalsergeben?

Wasser marsch!

Am 2. Dezember des Jahres 1990 ließen Peter und Bianca ihren zweiten Sohn Florian taufen. Sie wohnten nunmehr in einem schicken Einfamilienhäuschen am Randbezirk Kiels. Ihre Wohnung in einem nicht ganz so hippen Kieler Stadtteil war für vier Personen eindeutig nicht geeignet. Die Schneiderlein benötigten Platz und gute Landluft. Beides fanden sie auf dem Dorf.

In der Kirche des Dorfes wurde Florian von *dem* Pastor, der schon lange weit über die Dörfer hinaus via Funk und Fernsehen bekannt war, getauft. Man mag es glauben oder auch nicht: Der kleine Florian verschlief fast seine Tauffeier. Selbst als der Pastor eine reichliche Ladung Wasser über Florians Kopf laufen ließ, schlief er entspannt weiter.

Die anschließende Tauffeier fand im Haus von Biancas Eltern statt. Die Feier war entgegen Peters und Biancas schlimmsten Befürchtungen nett. Fast schon gut. Alle eingeladenen Kinder durften im Haus, auf dem riesigen Grundstück als auch im Wintergarten toben. Das Essen wurde von einem Schlachter angeliefert. Wenn Bianca ihren kleinen Sohn nicht geweckt hätte, hätte dieser sogar sein eigenes Tauffest verschlafen.

Diagnose mit schweren Folgen

Bianca war schockiert. Als sie Florian den Podex säubern wollte, fiel ihr beim Windelwechseln ein hühnereigroßes Etwas auf seiner linken Körperhälfte auf. Die Operation lag erst wenige Wochen zurück. Das große Ei jagte ihr am frühen Abend des 8. November einen ordentlichen Schreck ein. Florians linke Leiste war geschwollen. Sie sah der einstigen lädierten, nunmehr operierten rechten Leiste verdammt ähnlich. Es war Samstag. Bianca wickelte Florian, legte ihn anschließend auf sein Fell in seinem Bett und lief aufgeregt in Fabians Kinderzimmer, in dem Peter mit seinem Sohn spielte. „Peter, wir müssen sofort in die Klinik! Mit Florian stimmt etwas nicht. Er hat ein riesengroßes Hühnerei an seiner linken Leiste. Ich kann dieses Ei nicht mehr zurückdrücken. Es quetscht aus seiner Leiste heraus. Ähnlich wie seinerzeit auf der operierten rechten Seite. Nur ist es dieses Mal um einiges größer."

„Bianca, was du immer siehst! Bestimmt ist es halb so schlimm. Aber wenn es dich beruhigt, wenn du es möchtest, fahren wir zur Kontrolle in die Klinik. Ich rufe nur noch Oma und Opa an und frage, ob sie auf Fabian aufpassen können. Wer weiß, wie lange wir in der Klinik warten müssen."

Peter war nicht annähernd so beunruhigt wie Bianca.

Bianca macht mal wieder die Pferde scheu, dachte er leicht genervt.

Bianca rüstete Florian für einen längeren Ausflug. Sie zog ihn warm an. Draußen war es frisch. Schnell packte sie sowohl seine Wickeltasche als auch die Fläschchen ein und legte Florian in seine Babyschale. Bianca wollte für alle Eventualitäten gerüstet sein. Für sie stand fest, dass Florian sehr krank war.

Die Ärzte würden ihre Angst um ihren Sohn bestimmt verstehen. Ganz sicher musste er operiert werden. Bianca nahm noch seine Babydecke aus dem Schrank und deckte ihn in seiner Babyschale sanft zu. Nachdem Peter sein Telefonat beendet hatte, schnappte er sich Fabian, zog ihn an und trug ihn mit einem grimmigen Gesichtsausdruck kommentarlos zum Auto. Fabian war müde und quakig. Peter war genervt und setzte ihn grob in seinen Kindersitz hinter dem Fahrersitz. Bianca kam hinterhergeflitzt und stellte kommentarlos Florians Babyschale auf den Beifahrersitz. Peter hatte das Auto direkt vor der Tür ihres Hauses geparkt. Wie immer musste Bianca auf dem Rücksitz des Autos Platz nehmen. Das Los einer zweifachen Mutter. Peter und Bianca sprachen während der circa 15-minütigen Fahrt zu Peters Eltern kein einziges Wort miteinander. Beide waren angespannt. Jeder aus einem anderen Grund.

Vor dem Mehrfamilienhaus, in dem Peters Eltern lebten, stieg Peter aus dem Wagen aus und öffnete Fabian die Autotür zum Ausstieg. Bianca schnallte Fabian ab und gab ihm einen dicken Kuss auf seinen Mund.

„Hase, du gehst jetzt zu Oma und Opa. Wir holen dich ab, wenn Florian mit seiner Untersuchung fertig ist. So, nun sei lieb. Papa wartet schon."

Peter sah Bianca genervt an. Kommentarlos nahm er Fabian aus seinem Kindersitz.

„Komm, Kleiner, marsch! Wer zuerst an der Tür ist", versuchte er seinen Sohn anzutreiben.

„Ich!", schrie Fabian und lief, so schnell es seine kurzen Beine zuließen, in den Eingang des Mehrfamilienhauses. Bianca blieb mit Florian im Auto sitzen.

Es dauerte keine fünf Minuten, dann war Peter wieder am Auto. Er setzte sich, ohne ein Wort mit Bianca zu wechseln, auf den Fahrersitz und fuhr los. Auf dem Gelände der Universitätsklinik angekommen, fuhren sie, nachdem sich die

Schranke zum Einlass geöffnet hatte, auf das riesige Arial. Sie fanden tatsächlich direkt vor der Kinderklinik einen der heiß begehrten Parkplätze.

Es war Samstagabend. Sportschau-Time. *Ganz schlechtes Timing*, ging es Bianca durch den Kopf, als sie die Glastür mit Florian, friedlich schlafend in seiner Babyschale, durchschritten. Eine Schwester am Tresen der Unfallambulanz nahm ihre Personalien auf.

„Es kann einen Augenblick dauern. Alle Ärzte sind in Untersuchungen", teilte die ältere Schwester den beiden mit.

„Nehmen Sie derweil doch bitte im Wartezimmer Platz. Ich werde Sie aufrufen, wenn ein Untersuchungszimmer frei wird." Peter und Bianca setzten sich nebeneinander auf zwei der vielen freien ungepolsterten Stühle in der kleinen Wartehalle. Als Wartezimmer konnte man diesen Durchgang definitiv auch bei hellstem Tageslicht nicht bezeichnen.

Peter stellte Florians Babyschale vor seinen und Biancas Füßen ab. Florian schlief noch immer den Schlaf der Gerechten. Einige viel gelesene Zeitschriften lagen auf den leeren Stühlen. Peter und Bianca waren die einzigen Wartenden. Alle anderen Kranken waren offensichtlich schlauer. Sie wussten, dass an einem Samstag um diese Uhrzeit mit den hier arbeitenden Ärzten nicht gut Kirschen essen war.

So kam es, wie es kommen musste. Das Schicksal nahm seinen Lauf.

Eine gute Stunde nachdem sie die Klinik betreten hatten, nahm sich endlich einer der Ärzte des kleinen Patienten an. Feststellen konnte dieser auf den ersten Blick nichts. Leider jedoch auch nicht nach der Untersuchung. Direkt aus der Leiste ihres Sohnes sprang ihm gut sichtbar eine dicke Wulst entgegen. Dem behandelnden Arzt war dieser Befund offensichtlich entgangen. Zumindest empfand er diese Beule nicht als weiter untersuchenswert oder auffällig schlimm. Erst als Bianca ihn bat, genauer hinzusehen, entschied der Arzt genervt, zur Sicherheit eine Sonografie zu machen. Doch auch hier hatten Peter, Bianca und Florin die Rechnung ohne den Arzt gemacht. Der Arzt war wohl mit seinen Gedanken immer noch bei dem vorangegangenen Fußballspiel der Sportschau. Nur so war es zu erklären, dass es ihm entging, dass das Ultraschallgerät auf einer verkehrten Frequenz eingestellt war. Somit war die ganze Untersuchung für die Katz.

„Nein, ich kann wirklich nichts Ernstes feststellen. Bitte gehen Sie am Montag zu Ihrem Kinderarzt. Der wird Ihnen dann sagen, wie Sie weiter mit dem Knubbel umzugehen haben. Meiner Meinung nach ist alles in bester Ordnung", sagte er und verließ das Untersuchungszimmer. Bianca war ratlos. Was sollte sie tun? Sie war keine Medizinerin. Immerhin war sie im Krankenhaus. In diesem wurden geschulte Ärzte beschäftigt. Vielleicht war sie ja wirklich nur hysterisch und übervorsichtig. Ihr kleiner Sohn schlief. Wie fast immer. Sie zog ihn wieder an, und ab ging es zu ihrem Auto.

Erste Station: Peters Eltern, Fabian einsacken und dann ab nach Hause.

Florian aß am folgenden Sonntag wenig. Er erbrach sich oft und wirkte apathisch. Bianca war verzweifelt. Beruhigte sich jedoch und sehnte den baldigen Montag herbei.

„Bianca, mach dich nicht verrückt. Du gehst mir mit deiner ständigen Sorge ganz schön auf die Nerven. Alles wird gut. Du hast doch in der Klinik gehört, was der Arzt dir gesagt hat. Vertrau doch endlich einmal jemandem."

„Du bist gut. Vertrauen. Es geht hier immerhin um unseren Sohn. Guck ihn dir doch einmal an. Er schläft die ganze Zeit. Meldet sich gar nicht mehr. Du kannst mir sagen, was du willst. Irgendetwas stimmt nicht mit ihm."

Biancas sechster Sinn war geweckt. Sie sollte recht behalten. Als der ersehnte Montag endlich anbrach und sie ihre beiden Kinder versorgt hatte, brachte sie nach vorheriger Absprache Fabian zu ihrer Schwiegermutter.

Sowohl Fabian als auch Biancas Schwiegermutter freuten sich aufeinander. Liebevoll umarmte Bianca Fabian zum Abschied.

„Du bleibst bei Oma, mein Schatz. Wenn ich zurück bin, backen wir einen Kuchen." Fabian lachte und drehte sich noch einmal zum Abschied zu Bianca um.

„Mama, kannst gehen."

Bianca ging lachend mit Florian im Arm die zwei Etagen des Mehrfamilienhauses hinunter zu ihrem Auto. Sodann fuhr sie mit Florian zur Nachuntersuchung zu ihrem Kinderarzt. Wie vom Kinderarzt in der Klinik am Samstagabend zuvor empfohlen.

Es stellte sich in der anschließenden Untersuchung heraus, dass der Arzt in der Kinderklinik eine falsche Diagnose gestellt hatte. Der kleine Florian hatte einen Leisten- und zusätzlich noch einen Wasserbruch. Der Kinderarzt sah an Florians Haut und an seiner Apathie, dass Eile geboten war.

Es ging um Leben und Tod. Viel zu viel Zeit war verschwendet worden. Florian war im Begriff auszutrocknen. Er musste schreckliche Schmerzen haben.

Weshalb er nicht wie am Spieß schrie, wusste keiner so recht zu sagen. Reden konnte Florian ja noch nicht!

Der versierte Kinderarzt rief umgehend im Städtischen Krankenhaus an und berichtete dem diensthabenden Arzt von der Fehldiagnose.

Als er den Hörer wieder auflegte, schickte er Bianca umgehend in die Klinik. Es war seiner- und der Meinung seines Kollegen nach keine Zeit mehr zu verschenken. Der kleine Florian musste umgehend operiert werden. Bianca war, als würde sie in ein schwarzes Loch fallen.

Ihr kleiner Prinz war todkrank.

Durch ihre Schuld?

Hätte sie bei der Untersuchung in der Universitätsklinik mehr Druck machen sollen?

Hätte sie sich nicht mit der Diagnose des behandelnden Arztes zufriedengeben sollen?

Jetzt, in diesem Augenblick darüber nachzudenken war jedoch definitiv nicht der richtige Ort und schon gar nicht der richtige Zeitpunkt.

Ohne weiter zu überlegen, wie fremdgesteuert, ging Bianca mit ihrem Sohn, nachdem sie Florian wieder angekleidet hatte, aus dem Untersuchungszimmer.

Sie ging schnellen Schrittes den bunten Korridor der Praxis entlang. Direkt gegenüber der Eingangstür befand sich der Anmeldetresen. Hinter diesem saßen zu Spitzenzeiten fünf Helferinnen. Heute nur zwei. Beide telefonierten. Am liebsten hätte Bianca ihnen den Hörer aus der Hand gerissen. Waren die beiden denn so wenig empathisch? Merkten sie denn nicht, dass es um das Leben ihres Sohnes ging?

Eine der beiden Helferinnen war eine sympathische, ältere, beleibte Frau mit einer traumhaft braunen Haarfarbe. Diese, so hoffte Bianca, musste doch Verständnis haben. Kaum hatte Bianca ihren Gedanken zu Ende gedacht, legte sie den Hörer auf und lachte Bianca freundlich an.

„Frau Schneider, Doktor Anklam hat mir schon gesagt, worum es geht. Ich habe Ihnen schon eine Taxe gerufen. Ich hoffe, dass dies in Ihrem Sinne war. Es tut mir so leid, dass der kleine Florian so krank ist. Mögen Sie sich, während Sie auf die Taxe warten, noch setzen? Entschuldigung, wo bin ich nur mit meinen Gedanken? Wollen Sie vorher noch jemanden informieren? Kommen Sie schnell auf meine Seite. Ich nehme Ihnen Florian ab und Sie informieren Ihren Mann“, sagte die sympathische Helferin und nahm Bianca Florian ab. Parallel stellte sie Bianca das Telefon bequem in Reichweite.

Bianca rief Peter an. Dieser war im Dienst. Zum Glück war er auf seinem Arbeitsplatz und nicht, wie so oft, in einer Besprechung.

„Peter, ich bin gerade bei Doktor Anklam. Florian geht es sehr schlecht. Ich kann nicht mehr nach Hause fahren. Ich muss mit Florian sofort ins Städtische Krankenhaus. Florian muss sofort operiert werden. Es geht um Minuten“, schluchzte Bianca weinend in den Hörer.

„Informierst du deine Mutter? Fabian ist bei ihr. Ich fahre schnell mit einem Taxi ins Städtische Krankenhaus. Kommst du, so schnell du kannst, nach?“

In diesem Moment kam schon der Taxifahrer durch die Eingangstür der Kinderarztpraxis. Schlenderte an den Tresen und fragte mit piepsiger Stimme:

„Es hat jemand ein Taxi bestellt?“

Die sympathische, vollschlanke Arzthelferin antwortete:

„Ja. Dieser kleine Mann, den ich hier im Arm halte, muss schnell in das Städtische Krankenhaus. Sie haben keine Zeit zu verlieren.“

Bianca hatte das Eintreten des Mannes und die Frage nach dem Fahrgast nervös registriert.

„Du, Peter, ich muss Schluss machen. Der Taxifahrer steht schon vor mir. Bitte komm so schnell du kannst. Wir brauchen dich. Vergiss aber vorher auf keinen Fall, bei deiner Mutter anzurufen. Denk bitte an Fabian.“

Bianca legte mit zittrigen Fingern den Hörer wieder auf die Telefongabel. Nahm der hilfsbereiten Arzthelferin Florian aus deren kräftigen, jedoch überaus sanften Armen und wandte sich nervös an den Taxifahrer: „Wir wären dann so weit.“

Der Taxifahrer kommentierte Biancas Bemerkung mit einem Grunzen. Gemeinsam schritten sie ins Treppenhaus, nahmen nicht den Fahrstuhl, sondern liefen die zwei Etagen zu Fuß hinunter. Kaum ins Taxi eingestiegen, ging die rasante Fahrt – der Taxifahrer fuhr mit Tempo einhundert in Richtung Kieler Innenstadt – los. Als die drei vor der Eingangstür der großen, modernen Kinderklinik ankamen, bezahlte Bianca den hilfsbereiten Taxifahrer schnell und gab ihm zum Abschied noch ein großzügiges Trinkgeld. Schnell lief sie mit Florian auf ihrem rechten Arm auf das Klinikportal zu. Da sah sie Peter. Er lief Florian und Bianca aufgelöst entgegen.

„Ich bin so schnell gekommen, wie ich konnte. Ich dachte, ihr wärt schneller. Wo wart ihr nur so lange? Ich habe mich extra beeilt. Schnell, lass uns hineingehen. Die Schwester am Anmeldetresen hat bereits unsere Personalien. Wir können gleich ins Untersuchungszimmer gehen."

Als die drei das helle, kleine, zweckmäßig eingerichtete Untersuchungszimmer erreichten, kam aus dem Nachbarzimmer ein junger Arzt. Dieser stellte sich ihnen als Doktor Neumann vor.

„Sie sind also der Notfall? Sie wurden uns von Doktor Anklam bereits telefonisch angekündigt. Ich möchte noch einen Blick auf Ihren Sohn werfen, bevor wir ihn stationär aufnehmen", kam der junge Arzt ohne weitere Umschweife sofort zur Sache. Mit finsterer Miene untersuchte er Florian. Dieser ließ die Untersuchung, ohne den leisesten Ton von sich zu geben, über sich ergehen. Der Arzt wandte sich nach Florians Untersuchung Peter und Bianca zu.

„Es ist sehr ernst. Noch ernster, als Doktor Anklam uns angekündigt hat. Wir müssen sofort operieren. Wir haben keine Zeit mehr zu verlieren. Ihrem Sohn geht es sehr schlecht."

Peter und Bianca waren sprachlos.

Der behandelnde Arzt rief eine Schwester herbei und bat diese, sich um die verzweifelten Eltern zu kümmern. „Ich bin Schwester Annika", stellte sich ihnen eine kleine, zarte Schwester mit einem brünetten Kurzhaarschnitt vor. „Kommen Sie bitte mit mir in den Wartebereich. Möchten Sie etwas trinken? Kann ich sonst noch etwas für Sie tun?“, fragte sie die inzwischen tränenüberströmte Bianca. Bianca fand immer noch keine Worte. Viele Gedanken gingen ihr durch den Kopf.

Wie konnte es nur so weit kommen? Wieso war es jetzt so schlimm? Dass die Lage ernst war, war klar. Doch so ernst? Wie hatte das andere Klinikum nur so sehr … können? Was, wenn ihr kleiner Mann diese große Hürde in seinem kurzen Leben nicht überwinden würde?

Peter nahm Bianca in seine starken Arme. Beide hatten Angst. Nackte, panische Angst, ihren kleinen Knirps zu verlieren.

Florian war ein Kämpfer. Er wollte leben. Er überlebte. Nach sechs Stunden Hoffen und Ausharren im Warteraum kam einer der operierenden Ärzte zu Peter und Bianca in die Wartezone und verkündete beiden die frohe Botschaft.

„Ihr Sohn hat die Operation überstanden. Ob er es schafft, zeigen die nächsten vierundzwanzig Stunden. Wir mussten mehr als einen Meter seines Darms entfernen. Den Teil, der schon abgestorben war. Wir verlegen Ihren Sohn umgehend auf die Intensivstation. Frau Schneider, es wäre schön, wenn Sie bei ihm bleiben würden. Ihr Sohn braucht Sie jetzt. Es ist sehr ernst.“

Bianca ließ es sich nicht zweimal sagen. Selbstverständlich wollte sie bei ihrem frisch operierten Sohn bleiben.

„Peter. Du hast den Arzt gehört. Florian braucht mich jetzt. Bitte fahr du nach Hause. Ich komme, wenn es Florian besser geht, auch nach Hause.“

Bianca stockte die Stimme. Ohne sich noch einmal umzudrehen, verschwand sie hinter dem grünen Kittelträger. Bianca wurde von einer jungen Schwester neben Florians Bettchen ein Stuhl gestellt. Bleich sah ihr kleiner Mann aus. Schläuche führten aus seinem Körper in piepende und blinkende Apparate. Er wurde von diesen Maschinen komplett überwacht. Bianca fing bitterlich an zu weinen. Florian hatte eine kleine dunkle Mütze auf seinem Kopf. Er lag verloren in einem Wärmebettchen. Bianca nahm seine kleine Hand und streichelte sie sanft. Die Maschinentöne wurden leiser und regelmäßiger. Gerade als Bianca ein dringendes Bedürfnis verspürte und die Hand ihres Sohnes losließ, um zur Toilette zu gehen, fingen die Geräte wieder laut an zu fiepen. Eine Schwester stürmte in das Zimmer und stand erschrocken neben Bianca.

„Was ist hier passiert? Warum reagieren die Geräte so?“, fragte sie Bianca aufgeregt und schaute abwechselnd zu Florian und Bianca.

„Ich habe Florians Hand gehalten und sie loslassen müssen, da ich sehr dringend auf die Toilette muss“, stellte Bianca die Situation, bevor ein böser Verdacht aufkam, mit belegter Stimme dar.

„Frau Schneider, wie Sie selbst merken, können Sie Ihren Sohn jetzt, wo er Sie ganz dringend braucht, nicht eine Sekunde allein lassen. Bitte setzen Sie sich wieder hin. Ich lasse mir etwas einfallen. Halten Sie noch durch. Ich bin so schnell wie möglich wieder bei Ihnen“, sagte die kleine, zierliche blonde Krankenschwester und sauste schnellen Schrittes davon. Es mochten vielleicht zehn Minuten vergangen sein – Biancas Blase drohte zu platzen –, da stand die Krankenschwester wieder in Florians intensiv betreutem Krankenzimmer.

„So, Entschuldigung, dass es etwas länger gedauert hat. Ich musste mir nur die Genehmigung eines Arztes einholen.“ Die Schwester deutete auf einen angerollten Toilettenstuhl. „Wir, der behandelnde Arzt und ich, möchten Sie bitten, Ihre Notdurft auf diesem Stuhl zu erledigen. Wir wissen, dass es nicht schön ist. Aber der Zweck heiligt die Mittel. Wie wir alle sehr anschaulich miterleben durften, reagiert Florian extrem auf Sie. Sie sind seine Verbindung zum Leben. Wenn Sie ihn nicht berühren, könnte es passieren, dass der kleine Mann sich von dieser Welt verabschiedet."

Bianca war schockiert. Wusste jedoch, dass die Schwester recht hatte. Ihr Sohn war auf sie fixiert.

Bianca wich ganze drei Tage und drei Nächte nicht eine Sekunde von Florians Seite. Am vierten Tag endlich, Bianca war schon am Ende ihrer Kräfte, war Florian in der Lage, wieder eigenständig seine Atmung zu übernehmen. Sein Herzschlag war normal. Bianca konnte nun für einige wenige Stunden nach Hause. Zu Hause warteten Fabian und Peter auf sie.

Künftig teilte Bianca sich auf. Sie blieb unterschiedlich viele Stunden im Krankenhaus. Florian war inzwischen auf eine andere Intensivüberwachungsstation verlegt worden. Scheiben trennten sein Zimmer von anderen Intensivbetreuungszimmern. Bianca sah hinter den Scheiben der vielen weiteren Babyintensivbetreuungsräume sehr schlimme Krankheiten. Von Aidsbabys bis zu schwer deformierten Babys, die alle die Intensivmedizin in Anspruch nehmen mussten, sah sie mehr, als sie zu verarbeiten in der Lage war. Um überhaupt mit den Bildern in ihrem Kopf fertigzuwerden, fuhr Bianca zwischen den Mahlzeiten nach Hause zu Fabian und Peter. Peter hatte sich Urlaub genommen und betreute Fabian.

Fabian fiel Bianca bei jedem Nachhausekommen stürmisch um den Hals. Der kleine Mann war ausgehungert. Auch er brauchte die Liebe und Fürsorge seiner Mutter. Auch er stellte seine Forderungen an seine Mutter. Bianca wollte nicht, dass Fabian unter der Situation leiden musste. Ein krankes Kind reichte ihr. Nebenbei versuchte Bianca, so gut es eben ging, ihren Haushalt am Laufen zu halten. Peter jedoch erledigte das meiste. Drei harte Wochen lang mussten Peter, Bianca, Fabian und Florian einen extrem steinigen Weg gehen. Als dann nach der Vollendung der dritten Woche der behandelnde Arzt zu Bianca sagte: „Es geht Florian besser. Ein paar Tage noch, dann dürfen Sie Ihren Sohn mit nach Hause nehmen. Er ist nun endgültig über den Berg. Den abgestorbenen Darm, den wir Florian entfernen mussten, wird er in seinem späteren Leben nicht vermissen. Machen Sie sich keine Sorgen. Er wird wieder vollständig gesund“, fiel Bianca ein zentnergroßer Stein vom Herzen. Sie umarmte freudig den Arzt. Sie weinte. Tränen liefen ihr übers Gesicht. Schlecht sah sie aus. Abgemagert, abgekämpft, jedoch unglaublich glücklich war sie. Florian hatte den Kampf um Leben und Tod erfolgreich gewonnen.

Florian lebt … und wie!

Florian hatte den erneuten Sprung ins Leben gut überstanden. Er entwickelte sich prächtig. Ab dem 19. Dezember wurde seine Flaschennahrung step by step auf Brei und feste Nahrung umgestellt. Bianca musste keine Sonderkost füttern. Es war, wie der Arzt in der Klinik gesagt hatte, alles gut.

Das Weihnachtsfest stand kurz bevor. Das erste Mal für Florian. Dieses Weihnachtsfest sollte etwas ganz Besonderes werden. Peter bestellte einen Weihnachtsmann. Wow, was war das für eine Überraschung! Fabian zeigte nicht die geringste Angst. Er dackelte mit seinen zwei Jahren und vier Monaten neugierig hinter dem komisch aussehenden, fremden Mann hinterher. Dieser steckte in einem roten Mantel. Er war mit einem großen Sack über seiner rechten Schulter bewaffnet, und sein Gesicht verbarg sich unter einem langen weißen Bart.

Fabian konnte nach der freundlichen Leerung des Sacks und der Überreichung der vielen Geschenke gar nicht glauben, dass es nach der Bescherung keine weiteren Überraschungen mehr aus dem großen Jutebeutel gab. Florian gluckste die ganze Zeit interessiert.

Florian ereilte dasselbe Schicksal wie einst sein Bruder und jedes weitere Menschenbaby auf dieser Welt: Er zahnte. Bei ihm durchbrachen jedoch die Zähne das Zahnfleisch schneller als bei Fabian. Florian hatte bereits am 27. Dezember den ersten Zahn zu vermelden.

Florians erstes Silvester stand an. Gefeiert wurde, wie auch schon im Jahr zuvor, zu Hause. Der Jahreswechsel 1990/1991 war harmonisch. Beide Kinder verschliefen das Feuerwerk.

Mit dem endgültigen Verabschieden von Fabians Windeln hatte es leider nach den ersten Erfolgserlebnissen doch noch rund zweieinhalb Monate gedauert. Das Ende der Windelzeit wurde aus Peters Sicht auch langsam Zeit.

Fabian war jetzt der große Bruder und durfte somit gern mit gutem Beispiel vorangehen.

Am 25. Januar des Jahres 1991 blies man im Hause Schneider die Fanfaren. Fabian war trocken und bedurfte weder zu einer Tages- noch zu einer Nachtzeit nie wieder einer Windel. HURRA!!!

Fabian redete bereits wie ein ganz Großer. Bereits am 1. Februar des Jahres 1991 sprach er fließende Sätze. Egal wo die kleine Gruppe Schneider aufschlug, überall war man erstaunt, wie gut Fabian sich schon ausdrücken konnte. Er wurde immer niedlicher. Seine Gestik und Mimik, mit denen er seine Worte unterstrich, waren bühnenreif ! Da erkannte Bianca aufs Neue:

Kinder sind ein Segen. Sie sind ein Geschenk Gottes!

Florians Entwicklung ging rasant voran. Am 11. März nahm Florian in seinem Hochstuhl am Tisch der Familie Platz.

Bereits am 14. März 1991 konnte Florian alleine sitzen. Na ja, fast alleine. Eine Vielzahl von Kissen hinderte ihn am Umfallen, was nicht schlimm gewesen wäre, denn er hatte das Robben für sich entdeckt. Sein großer Bruder war von nun an nicht mehr vor ihm sicher. Wenn Florian Fabian nicht sah, suchte er ihn emsig. Mühsam und entschlossen ging er seinen Weg. Auch schossen immer mehr Zähne wie Pilze aus seinem Kiefer in seinen kleinen Mund. Er hatte Schmerzen. War jedoch zu Peters und Biancas Freude nur begrenzt quakig.

Wasser marsch! Fabian und Florian hatten am 18. März das gemeinsame Baden für sich entdeckt. Allein ging nun keiner der beiden mehr zum Planschen in die Wanne. Es war für Bianca und Peter wunderbar, mit ansehen zu dürfen, wie liebevoll und achtsam Fabian mit Florian umging.

Bereits am 21. März entdeckte Peter Zahn Nummer fünf in Florians Mund. Ferner war Bianca an diesem Tag gemeinsam mit Fabian zu Florians U5-Untersuchung gegangen. Ergebnis: Florian war überdurchschnittlich groß und schwer. Über neun Kilo brachte er auf die Waage. Florian war in seiner Entwicklung, wie einst Fabian, weit voraus.

Am 8. April 1991 hatte Florian bereits seine ersten Stehversuche gemacht. Des Weiteren konnte er sich allein hinsetzen.

Zu seiner Sicherheit wurde Fabians deaktivierter Laufstall am 22. April 1991 in Florians Zimmer aufgestellt. Sicher war sicher.

Was sich bereits seit Mitte März abzeichnete, wurde am 11. Mai perfektioniert. Florian hörte auf zu robben und fing an zu krabbeln. Zunächst langsam, jedoch schnell mit zunehmender Geschwindigkeit.

Ein Urlaub zu viert stand an. Da galt es für Peter und Bianca, weit- und umsichtig zu planen. Erneut wollten Bianca und Peter Peters Eltern in ihrer Wohnwagenkolonie in Bingen am Rhein besuchen. Die Reise war wieder ein voller Erfolg. Die Kinder schliefen sowohl auf der Hin- als auch auf der Rückfahrt. Florian war tatsächlich fauler als Fabian. Man soll und darf Kinder nicht miteinander vergleichen. Sicherlich. Trotzdem stellte Bianca diese Tatsache fest.

Biancas Tipps & Weisheiten – Teil 9

Kaum zu glauben, jedoch wahr …
Das Laufställchen ist viel besser als sein Ruf!

Ein Dauerparkplatz sollte es natürlich nicht sein und werden. Die kleinen Wunder möchten gern die große, weite Welt erforschen. Jedoch ist oftmals das Laufställchen unentbehrlich.

Zum Beispiel, wie schon eingangs erwähnt, wenn es an der Haustür klingelt, in der Küche etwas überkocht oder das Fleisch in der Pfanne anbrennt oder … oder … oder …

Wo ist das Kind in diesen Momenten am besten und vor allem am sichersten aufgehoben? Richtig! Im Laufstall.

Unpässlichkeiten und anderer Kinderkram

Die Kinderkrankheiten blieben dem Schneiderhaushalt treu. Am 7. Mai 1991 zogen die Röteln in das Schneiderhaus ein.

Zunächst war es lediglich ein Verdacht. Als Bianca am Morgen nach ihren Kindern sah, lag Florian über und über mit roten Pusteln bedeckt in seinem Bett. Als dann Fabian ebenfalls wie ein kleiner Streuselkuchen ums Eck schoss, schnappte Bianca sich ihre Kinder und fuhr mit ihnen zum Kinderarzt. Der Arzt ihres Vertrauens bestätigte ihren Verdacht.

Genau an seinem zehnmonatigen Geburtstag ging Florians absolutes Lieblingskuscheltier verloren. Während einer Einkaufstour. Einfach weg. Eine große Suchaktion war die Folge. Zwei Tage später dann die Erlösung:

Als Bianca mit Fabian und Florian den Drogeriemarkt ihres bevorzugten Stadtteils betrat, kam ihnen eine Verkäuferin entgegen. „Sie sind doch die Mutter, deren Kind einen Hasen verloren hat … oder?“

„Ja, bin ich. Warum fragen Sie?“

„Ich habe den Hasen beim Aufräumen gefunden. Warten Sie, ich hole ihn schnell.“ Weg war das nette Wesen.

Bianca hatte keine Zeit, etwas zu entgegnen. Als die Verkäuferin Florian seinen Hasen mit einem großen Lachen überreichte, lachte und gluckste der kleine Mann laut und unüberhörbar in allen Oktaven. Durch die Umsicht der Verkäuferin fand Florian am 23. Juli 1991 seinen Seelenfrieden wieder.

Am 12. August bekam Florian sein erstes Paar Schuhe. Er lief in diesen, als hätte er bereits ein Leben lang Schuhe getragen.

Auch war auffällig, dass bei der anstehenden U6-Untersuchung am 20. August Florian ein Gardemaß von 81 Zentimetern aufwies. Florian war sieben Zentimeter größer und lediglich 300 Gramm schwerer als Fabian zum selben Zeitpunkt. Florians erster Geburtstag stand an. Was für ein Fest! Zehn Kinder waren mitsamt ihren Müttern eingeladen. Es ging hoch her im Schneiderhaushalt. Nach den vielen anstrengenden Monaten war Bianca froh, dass Florian überhaupt seinen ersten Geburtstag feiern konnte. Von mieser Laune oder Abgespanntheit war bei ihr keine Spur.

Bereits wenige Tage später, am 10. September, lief Florian alleine. Zunächst waren es lediglich vier, fünf Schritte. Doch bereits dreizehn Tage später lief er durch einzelne Räume. Die Krankheiten ihrer Kinder rissen nicht ab. Die Viren und Bakterien fühlten sich sogar ausgesprochen wohl in deren vier Schneiderwänden.

Am 15. Januar des Jahres 1993 war der Scharlach zu Besuch und blieb einige ungewollte Wochen zu Gast!

Sehr zu Biancas Leidwesen ließ sich Florian mit dem Sprechen Zeit. Er wollte und wollte nicht richtig reden. Am 17. Januar 1993 sprach er lediglich zwanzig Worte. Bianca und Peter schoben sein Wortschatzdefizit auf seine Faulheit. Wenn sie sich da mal nicht täuschten!

Um ihren Haushaltsgeldbeutel zu schonen, versuchte Bianca Florian Ende Januar, das Töpfchen schmackhaft zu machen. Mit Erfolg. Bereits einen Monat später benötigte Florian nur noch zur Nacht eine Windel.

Zwei weitere Monate später, im Mai des Jahres 1993, fand der Kinderarzt der Familie Schneider den Grund für Florians

Sprachdefizit heraus. Florian hatte riesige Paukenergüsse hinter seinen Trommelfellen. Diese verhinderten sein Hören. Florian konnte so gut wie nichts hören. Er bekam in einer ambulanten Hals-Nasen-Ohren-Operation seine ersten Röhrchen. Acht weitere Operationen sollten bis zu seinem dreizehnten Lebensjahr folgen.

Nach Florians erster Operation ging es mit seinem Hörvermögen ziemlich schnell aufwärts. Zunächst waren Geräusche wie die Toilettenspülung, Fahrgeräusche der Autos, das Rücken der Stühle oder andere Alltagsgeräusche völlig neu für Florian. Er erschrak häufig und klammerte sich oft verängstigt an Bianca. Doch schnell waren die Geräusche Normalität und Florian lernte sprechen. Seine kompletten Sprachdefizite konnte Florian erst als Jugendlicher auf holen. Immer wieder musste er sich Operationen an seinen Ohren unterziehen, da sich die Paukenergüsse häufig nach einem grippalen Infekt wieder bildeten. Letztlich bis seine Gehörgänge ausgewachsen waren. Ab seinem sechsten Lebensjahr nahmen Bianca und Peter mehr und mehr die Hilfe verschiedener Fachkräfte in Anspruch: vom Logopäden bis zum Kinesiologen holten sie sich fachkundige Unterstützung.

Biancas Tipps & Weisheiten – Teil 10

Einkaufen mit Kind

Supermarktkassen sind eine wahre Herausforderung für alle Eltern. Süßigkeiten in Augenhöhe der Kinder. Eine wahre Freude ...

An den Kassen geht es mit den kleinen Spätzen oft in den Ring. Furchtbar sind das Gezicke, das Generve, das Gemotze, die mitleidigen Blicke der weiteren Einkäufer im Laden, die ungefragten, nicht gewünschten Tipps wildfremder Einkaufswilliger.

Ein erfolgreicher, ruhiger Einkauf sollte im Anschluss ruhig mit einer süßen oder salzigen Kleinigkeit belohnt werden. Obst und Gemüse können den kleinen, unbedarften Knutschkugeln wie eine Süßigkeit verkauft werden.

Merke: Probieren geht definitiv über Studieren.

Kleine Scheißer … große Kerle!

Krabbelgruppen, Kindergarten, alles hat Bianca mit ihren Kindern mitgemacht! In den Krabbelgruppen war es für alle drei sehr lustig. Diese Interessengemeinschaften gaben sowohl den Müttern als auch den Kleinkindern Abwechslung in deren jeweiligem Alltag.

Eine Begebenheit fand Bianca rückblickend besonders amüsant. Alle an diesem Tag anwesenden Kleinkinder spielten in einer neu gebauten Sandkiste auf dem Grundstück des Sportvereins, bei dem einmal in der Woche, jeden Freitag, das Treffen von Fabians Krabbelgruppe stattfand. Es war Sommer. Die Mütter unterhielten sich über Begebenheiten in deren Leben oder tauschten Anekdoten ihrer Nachkommenschaft aus. Da kam eines der Kinder, ein kleiner Junge, mit einem sehr dunklen braunen Rand um seinen Mund weinend auf seine Mutter zugelaufen. Ganz offensichtlich schmeckte dem Kind das, was es gerade zu essen in der Sandkiste vorgefunden hatte, nicht besonders gut. Als die zu dem Kind gehörige Mutter ihren Spross kreischend mit Kullertränen auf seinen Wangen erblickte, stieß sie einen Satz aus, den Bianca nie mehr vergaß:

„Bitte, lieber Gott, lass ihn Schokolade gegessen haben!“

In dem Krabbelgruppenkreis nahm Bianca immer wieder mit großer Bewunderung zur Kenntnis, dass es Mütter gab, deren Kinder schon weise geboren worden waren. Diese hochbegabten Kinder konnten von Geburt an alles! Waren diese Erdenbürger doch die Ersten beim Laufen, die Ersten beim Sprechen. Auch waren diese Kinder die intelligentesten Kinder aller Zeiten! Dann gab es noch die Gesundheitsfanatikerinnen.

Den Kindern dieser Mütter war es verwehrt, Süßigkeiten zu sich zu nehmen. Diese Mütter teilten an ihre Nachkommenschaft ausschließlich Biokost aus. Interessant war es allerdings, wenn eine dieser Gesundheitsfanatikermamis ein dringendes Bedürfnis hatte. Zum Stillen ihres Bedürfnisses mussten diese, der Not gehorchend, ihre kleinen Knutschnasen für kurze Zeit unbeaufsichtigt lassen. Prompt suchten explizit diese Kinder den konfliktreichen Kontakt mit der einen oder anderen süßen Verlockung. Die kleinen Schätze nutzten gnadenlos und rigoros die Gunst ihrer Stunde. Kaum sahen die auf Zuckerentzug stehenden Kinder ihre Mütter von hinten, sprangen diese Kinder unerschrocken auf und schnappten sich die Schalen mit Bonbons, Waffeln, Keksen oder ähnlich süßen Gutelaunebotschaftern von dem Tisch und begaben sich mit ihren Gaumenfreuden unter die Tische der elitären Gesellschaft.

Das genüssliche Schmatzen fand ein jähes Ende, wenn die betreffenden Mütter von ihrem Toilettengang zurückkehrten.

Majestätisch betraten diese oft den Raum.

Lustig war es, wenn diese nach kurzer Zeit die Abwesenheit ihrer Nachkommen bemerkten und rufend, manchmal auch verzweifelt schreiend, ihre Sprösslinge suchten. Freudig, nach häufig längerem Suchen, ihre kleinen Schätze vollgestopft bis in die letzte Haarspitze mit Süßem fanden. Der Tag der Sinnesfreude fand somit für den einen oder anderen kleinen Menschen ein jähes Ende. Wahrscheinlich hatten die erfreuten Eltern abends durch den unverhofften Energiekick ihrer Kinder auch noch eine Weile eine *Never Ending Story*.

Einige Male schlug dem einen oder anderen Kind die Wiedersehensfreude mit seiner Mutter sehr auf den kleinen Magen. Das arme Kind fing noch in den Räumen des Sportvereins vor den belustigten Augen aller anwesenden Mütter an, sich zu übergeben.

Die betroffenen Mütter blitzten in diesem Fall die anderen Mütter mit Blicken, die hätten töten können, an.

Die anwesenden Mütter, die gesehen hatten, dass die auf Zuckerentzug stehenden Kinder die gefüllten Schalen griffen, hätten den Mundraub bestimmt verhindern können!, schienen ihre bitterbösen Blicke zu sagen. Hätten sie das Plündern der Süßigkeiten wirklich verhindern können?

Hätten sie. Wollten sie aber nicht. Ganz im Gegenteil.

Die Normalomütter feixten sich eins.

Die Ökomuttis, Körnerfressermütter, waren bei den Andersartigen so beliebt wie ein fieser Hautausschlag. Diese Gruppe erfreute sich eines so großen Ansehens mit ihren Wunderkindern, dass so mancher Vorfall bei den anderen Müttern ein absolutes Hochgefühl erzeugte. Was von der einen oder anderen der Atomkraft-Nein-Danke-Muttis mit einem Naserümpfen über das Rüpelverhalten quittiert wurde. So zauberte das Fehlverhalten der Ökosprösslinge ein spitzbübisches Lächeln in das Gesicht der einen oder anderen „normalen" Mutti.

Zudem war der komplette Zuckerentzug dämlich. Zucker liefert nicht nur leere Kalorien für den Körper, sondern beeinflusst nachhaltig die Psyche. Bianca sinnierte: *Ökomuttis, Serotonin ist ein Botenstoff im Gehirn, der uns Wohlbefinden vermittelt. Wenn eure Kinder Zucker naschen, wird im Gehirn mehr Serotonin ausgeschüttet. Serotonin ist ein körpereigenes Antidepressivum. Also … entspannt euch und gönnt euren kleinen Spatzen ab und an ein wenig Süßes!*

Es gab natürlich viele besondere Erlebnisse im Leben von Peter und Bianca mit ihren Söhnen Fabian und Florian. Den Nachbarn in dem kleinen Kuhdorf am Rande der schleswig-holsteinischen Landeshauptstadt wurde während Fabians und Florians Wachstumsphase schon einiges an Gesprächsstoff geliefert. Zunächst hatten Peter und Bianca sich ein Haus gemietet. Zwei Jahre später erstanden sie sodann ein eigenes Einfamilienhaus, das ausreichend Platz für die junge Familie bot.

Fabian und Florian wurden fest in die Dorfgemeinde integriert. Fabian kam im zarten Alter von fünf Jahren in die Vorschule, Florian mit drei Jahren in den Kindergarten. Dieser unterstand einer äußerst herzlichen Leitung. Man merkte sofort, bereits beim ersten Kennenlernen, dass der Beruf der Erzieherin die Berufung der Leiterin war. Sie ging mit einem großen Einfühlungsvermögen auf die kleinen Menschenkinder ein. Hatte für deren Sorgen und Nöte immer ein offenes Ohr. War zu jeder Schandtat bereit. Die gute Frau hatte außergewöhnlich starke Nerven und behielt auch in so manch brenzliger Situation den Überblick und, zum Glück aller Eltern, immer ihre Nerven aus Stahlseil. Bianca war sehr dankbar, einen Platz für Florian in ihrer Einrichtung bekommen zu haben.

Sie konnte sich jedoch auch gut an eine Begebenheit aus dem Kindergarten erinnern, auf die Peter und sie sehr gerne verzichtet hätten.

An einem Montag kam Florian mit ungewollten und ungeliebten Mitbewohnern nach Hause. Florian kratzte sich, nachdem er aus dem Kindergarten gekommen war, immer und immer wieder auf seinem Kopf. Bisher hatte Bianca mit Schädlingen und deren Bekämpfung noch keinerlei Erfahrung gemacht. Dies sollte sich nun, an dem besagten Montagabend, ändern. Bianca kontrollierte und inspizierte Florians wund gekratzte Kopfhaut. Was sie auf dieser zu sehen bekam, war weit mehr, als sie sehen wollte. Es krabbelte auf seiner Kopfhaut. Bianca sah dunkle kleine Lebewesen auf seinem Kopf laufen. Sie prüfte nun ihrer aller Haarpracht. Jede einzelne Haarsträhne. Eier klebten an diesen. Nissen! In dem Moment begriff Bianca, dass sie alle ein Problem hatten. Läuse! Kopfläuse, im Fachjargon *Pediculus humanus capitis* genannt, hatten sie heimgesucht. Die ganze Familie Schneider war nun mit den flügellosen Insekten kontaminiert. Am nächsten Morgen ging Bianca mit hochrotem Kopf in die in ihrem Wohnort ansässige Apotheke und trug der Apothekerin hinter dem Verkaufstresen ihr Leid vor.

„Hallo Frau Kluges. Wir haben Schädlinge in unserem Haus."

Die Apothekerin lachte. „Frau Schneider, Sie sind ein willkommener Gast, aber warum kommen Sie mit Ihrem Anliegen in die Apotheke? Wäre da ein Baumarkt nicht der bessere Ort zum Kauf von Schädlingsbekämpfungsmitteln?"

„Leider nein. Es handelt sich in unserem Fall nicht um gewöhnliche Schädlinge. Wir haben Kopfläuse", erklärte Bianca der Apothekerin beschämt.

„Machen Sie sich keine Sorgen", sagte die Apothekerin lachend. „Dieses Problem haben wir mindestens einmal im Jahr im Kindergarten. Irgendwann trifft es jede Familie einmal. Das gehört zum Kindergartenalltag dazu wie ein aufgeschlagenes Knie."

Na, dachte Bianca. *Ein aufgeschlagenes Knie und Läuse in einen Kontext zu bringen … dazugehörte schon etwas.* Bianca fand den Vergleich ganz und gar nicht stimmig, nahm jedoch dankbar sowohl das gereichte Läuseshampoo als auch den Läusekamm entgegen, bezahlte eine stolze Summe für die Schädlingsbekämpfung und ging, zu Hause angekommen, pragmatisch das Insektenproblem an.

Im zarten Alter von vier Jahren entdeckte Florian seine Kletterkünste. Er war an wirklich fast allen denkbaren und undenkbaren Ecken in oft genug schwindelerregenden Höhen anzutreffen. Mal in einem Baum, mal auf dem Garagendach, mal auf dem Gartenhaus, mal in den Obstbäumen in Nachbars Garten. Florian hatte keine Angst vor der Höhe. Eines Mittags allerdings, als er wieder seine Kletterlust verspürte und eine hohe Wand mit Holzscheiten erklomm, rutschte er von dieser ab und schlug sich den Kopf unglücklich auf. Nach seinem Unfall wies er ein nicht übersehbares, großes Loch in seinem Kopf auf. Er erschrak und fing augenblicklich an, herzzerreißend zu brüllen. Nicht weil er Schmerzen verspürte, nein, weil das Blut nur so aus seinem Kopf pulsierte und er aus gegebenem Anlass nicht weiterklettern konnte. Als Bianca das laute Gekreische Florians vernahm, ging ihr der Aufschrei ihres erschrockenen Kindes durch Mark und Bein. Prompt ließ sie die kleine graue Plastikhandschaufel und den grünen Handfeger fallen und stürzte aus der Verandatür ihres Hauses. Da stand ihr kleiner Schatz und war über und über mit Blut beschmiert. Bianca schnappte sich Florian und rannte mit ihm ins große Badezimmer. Ließ das Waschbecken mit warmem Wasser halb volllaufen und nahm einen Lappen, um seine blutende Kopfwunde zu säubern. Erst nach dem Abwaschen des getrockneten Blutes wurde das gesamte Ausmaß des Sturzes deutlich sichtbar. Eine circa fünfzehn Zentimeter lange Kopfwunde klaffte Bianca gut sichtbar entgegen. Wenn sie nicht gefordert gewesen wäre, wäre sie ohnmächtig geworden.

Umgehend griff sie zum Autoschlüssel, der an einem Haken im Flur hing, schnappte sich Florian, nahm ihn auf ihren Arm und lief zu ihrem neuen, silberfarbenen Polo. Im Auto setzte sie ihren Sohn, dem sie zwischenzeitlich ein Handtuch über seine Schultern gelegt hatte, behutsam in seinen Kindersitz. Pflichtbewusst schnallte sie ihn an, und ab ging es in die circa sechs Kilometer entfernte Unfallklinik.

In dieser wohlbehalten angekommen, hatte sie jedoch Pech. Die Unfallambulanz war spärlich besetzt. Bedingt durch Krankheit, Urlaub und Mittagspause war der behandelnde Arzt alleine in seinen Räumlichkeiten. Bianca konnte mit Florian zwar sofort in das Behandlungszimmer gehen, jedoch konnte der Arzt nicht alles ohne Hilfe machen. Er bat Bianca, ihn zu unterstützen. Sie statt seiner Helferin sollte ihm bei der Versorgung von Florians Wunde zur Hand gehen. „Frau Schneider, ob Sie mir wohl ein wenig zur Hand gehen würden? Schaffen Sie das, oder wird Ihnen schlecht?“

Der behandelnde Arzt lächelte sie frech an. Diese Frage konnte nicht ernst gemeint sein. Ob ihr schlecht wurde? Was hieß hier, wurde? Bianca war bereits kotzübel. Wenn sie gekonnt hätte, wie sie wollte, würde sie bestimmt nicht mehr auf ihrem Stuhl neben ihrem verletzten Sohn sitzen. Aber letztlich ging es um ihr Kind! Also riss sie sich zusammen.

„Nein, alles gut", lächelte Bianca ihn tapfer an. Zumindest versuchte sie, ihn anzulächeln. Bloß nichts anmerken lassen.

„Gut, sehr gut, bitte halten Sie Florians Kopf. Ich muss die Wunde nähen." Florians offene Kopfwunde klaffte Bianca gut sichtbar entgegen.

„Sie ist zum Klammern zu groß. Ich säubere die Wunde jetzt. Frau Schneider, halten Sie Florians Kopf bitte ganz fest", sagte der Unfallchirurg.

Er zog sodann eine lange Spritze auf und pikste die lange Nadel zur Betäubung in Florians gespaltene Kopfhaut. Nur wenige Minuten später stach er eine krumm gebogene Nadel in die aufgeplatzten Kopfhautseiten ein und nähte die klaffende Wunde wie eine geschulte Schneiderin mit schnellen Stichen wieder zusammen. Das ganze Prozedere verlief wortlos. Bianca wurde kreidebleich. Ihr wurde mulmig. Ganz kodderig und irgendwie anders. Florian schien von den Einstichen der Nadel tatsächlich nichts zu spüren. Der kleine Mann hielt tapfer durch und war ganz still. Hätte der Medizinmann Bianca nicht auf das zu Erwartende vorbereiten können? Jahre später war die Narbe immer noch sichtbar. Auf der zusammengenähten Kopfhaut ist nie wieder ein Haar gewachsen.

Leider war Florian dieser Vorfall keine Lehre. Er blieb tollkühn. Oft mussten Bianca oder Peter Florian in den kommenden Jahren noch aus der einen oder anderen prekären Situation befreien.

Als Fabian und Florian in die Grundschule eingeschult wurden – beide jeweils im zarten Alter von sieben Jahren im August–, begannen die mehr oder weniger typischen Schulprobleme. Die beiden Jungs waren Lausbuben. Fabian hatte in der zweiten Klasse den ersten großen Pokal für außerordentliches Auffallen bei seinem Klassenlehrer gewonnen. Fabian hatte in einem Papiercontainer, der vor seiner Schule aufgestellt worden war, äußerst interessante Dinge vermutet. Er musste einen untrüglichen Instinkt für den Inhalt dieses Papiercontainers gehabt haben. Er kletterte neugierig auf seinem Schulweg in den Container. In diesem fand Fabian lauter aufregendes Bildmaterial. Pornohefte. Ein Sex-Mekka offenbarte sich dem Neunjährigen. Er füllte seinen Schulranzen mit den *bunten Bilderbüchern*, so viel der Inhalt seines Ranzens zuließ, und schleppte den schweren Ranzen zur Schule. Dort angekommen, packte er in seinem Klassenraum vor dem Unterricht seinen kostbaren Fund aus und hielt einen anschaulichen Aufklärungsunterricht. Die anwesenden Kinder waren entweder hin und weg oder angeekelt. Beides kam vor. Fabian war absolut angetan von den nackten Darstellern. Er kam gar nicht mehr aus dem Schwärmen heraus. Der nach dem Pausenklingeln – das die Kinder allesamt überhört hatten – zwischenzeitig eingetroffene Klassenlehrer war völlig schockiert über den Anblick, der sich ihm in seinem Klassenzimmer bot. Wütend und aufgebracht brachte er in Erfahrung, wer für den großen Tumult in seinem Klassenraum zuständig war.

Als Fabian als Verantwortlicher ausgemacht war, wurde dieser ins Lehrerzimmer beordert. In dem Zimmer angekommen, wurde Fabian auf einen Stuhl verfrachtet. Sein Klassenlehrer wählte wutentbrannt Peters und Biancas Telefonnummer. Bianca ging, als der Fernsprechapparat klingelte, ahnungslos an die Strippe. Sie hatte sich kaum mit „Schneider“ gemeldet, als Fabians Klassenlehrer wütend hervorstieß:

„Frau Schneider, stellen Sie sich nur vor, Ihr Sohn hat heute einen riesengroßen Stapel Pornohefte mit in die Schule gebracht. Angeblich hat er diesen Schweinkram in einem Papiercontainer gefunden.“

Eine kurze Pause folgte. Bianca musste sich ihr Lachen verkneifen. Der Lehrer am anderen Ende der Leitung war irritiert.

„Herr Heinrich, was wollen Sie mir jetzt damit sagen?“, fragte Bianca schmunzelnd.

„Ich muss Ihnen zu Ihrer Haltung sagen, dass diese mir völlig unverständlich ist. Wir sind im zwanzigsten Jahrhundert. An jeder Litfaßsäule hängen nackte Frauenbilder. Überall, in jeder Zeitung und im Fernsehen, sind nackte oder leicht bekleidete Frauen und Männer zu sehen. Was, bitte, ist jetzt so schlimm an den Pornoheften?“ Biancas spitzer Unterton war nicht zu überhören. Fabians Klassenlehrer war fassungslos.

Was war *das* nur für eine Mutter?

Was war *das* für eine Einstellung?

Wo blieb die Zucht? Die Ordnung?

Bianca säuselte zum Abschluss des Telefongesprächs noch kokett in den Hörer:

„Mensch, Herr Heinrich, ich bin Ihnen übrigens zutiefst dankbar, dass Sie mich angerufen und mir von dem Vorfall berichtet haben. Nun brauche ich mir um Fabians Sexualtrieb und sein gehegtes Interesse für das andere Geschlecht keine Sorgen mehr zu machen. Er ist eben ein gesunder Halbwüchsiger in der vorpubertierenden Phase. Danke für Ihren Anruf und für die gewonnenen Erkenntnisse.“

Für Bianca war das Gespräch beendet, und sie legte den Hörer auf die Gabel zurück.

Für Fabians Klassenlehrer, auch „eiserner Heinrich“ genannt, war der Tag gelaufen.

Ihm fiel fast der Hörer aus der Hand. So hatte er sich das Gespräch definitiv nicht vorgestellt. Wutschnaubend verließ er mit Fabian das Lehrerzimmer.

Er fühlte sich nicht ernst genommen und wollte nun jedenfalls den Tumult in seinem Klassenzimmer beenden. Der eiserne Heinrich sammelte dort gemeinsam mit Fabian schnaufend und laut fluchend die Pornohefte ein. War insgeheim jedoch sehr interessiert. Neugierig schaute er sich beim Einsammeln der Hefte die eine oder andere Seite genauer an. Zum Wegwerfen waren diese informativen Hochglanzmagazine doch nun wirklich zu schade. Die eine oder andere in den Magazinen abgelichtete Stellung fand bei ihm und seiner Gespielin noch seine Anwendung. Jedoch nicht in seinem ehelichen Schlafzimmer.

Weit gefehlt! Wie Bianca nur wenige Wochen später zu hören bekam, hatte er seine Gemahlin mit einer um siebenundzwanzig Jahre jüngeren Frau betrogen. Der Pauker, der sich als Moralapostel aufgeplustert hatte, hatte doch tatsächlich mit der Mutter einer Mitschülerin aus Fabians Klasse ein Techtelmechtel. *Soso, dann hat mein kleiner Liebling Fabian den beiden Fremdgängern, den tollkühnen Draufgängern bestimmt so manchen Abend mit seinen heißen Fundstücken versüßt. Unter Umständen haben die beiden die eine oder andere Stellung für sich nutzen können.*

Statt Fabian anzuprangern, hätte der eiserne Heinrich ihrem Sohn viel lieber die Hand schütteln und von Dankbarkeit erfüllt sein sollen. Immerhin lieferte Fabian ihm kostenfreie Anleitungen zur Vervollkommnung seines Sexuallebens. Unter Umständen das Kamasutra als gute Fotoanleitung. Stellungswechsel satt. Was für ein äußerst undankbarer Knabe der eiserne Heinrich doch war!, schoss Bianca durch den Kopf.

Einige Jahre später, Fabian mochte dreizehn, vierzehn Jahre alt gewesen sein, brachte er es mit seinem besten Freund Matthias fertig, eine Schulausstellung zu beschädigen. Die Präsentation wurde in den Fluren ihrer Schule auf zwei Etagen ausgestellt. Gezeigt wurden in dieser unter anderem in Schleswig-Holstein beheimatete Vögel. Die beiden pubertierenden Jugendlichen waren äußerst neugierig, hatten den Schalk im Nacken und wurden offensichtlich vom Teufel geritten. Anders konnte sich Bianca den Vorfall nicht erklären. Die beiden Jungs wollten in Erfahrung bringen, ob und womit die ausgestellten Vögel ausgestopft waren. Statt sich den Piepmätzen vorsichtig zu nähern, rissen die beiden im Eifer des Gefechts während der wissbegierigen Untersuchung einer Möwe den ausgestopften Kopf ab. Was für ein Fauxpas! Das Ende vom Lied war ein Verweis für beide Jungs im Klassenbuch. Damit nicht genug. Zwei Wochen später stellte der für Peter und Bianca zuständige Postbote den beiden ein amtlich aufgesetztes Schreiben mit beigefügter Rechnung in Höhe von dreihundertfünfzig Euro zu. Die Schule bat um die Übernahme der Kosten für den Kauf einer neuen Möwe. Peter und Bianca waren über die Weiterleitung der Rechnung zur Kostenübernahme schwer begeistert.

Florian dagegen hatte an so manchem Tag den einen oder anderen Lehrer mit seinen neunmalklugen Sprüchen zur Weißglut gebracht.

Wie oft musste Bianca in der Schule „antanzen“, um die geschürte Glut ihrer Söhne zu löschen, bevor es zu einem Flächenbrand kommen konnte!

Sie hatte diesbezüglich jedoch einen rettenden Einfall. Sie ließ sich für beide Klassenstufen ihrer Söhne in den Elternbeirat wählen. So konnte sie aktiv in den Schulalltag ihrer Racker eingreifen. Eine klassische Win-win-Situation. Die Schule bekam ihre unentgeltliche Unterstützung, und sie konnte die auf kommenden Gewitter, die dann und wann am Horizont über den Klassenstufen ihrer Jungs aufzogen, abwenden.

Im Sommer des Jahres 1999 hatte Florian die geniale Idee, seinen Schatz an versteckten und von ihm konfiszierten Silvesterknallkörpern in der Schule, auf dem Pausenhof, zum vollen Einsatz zu bringen. Da Florian erst neun Jahre jung war, verfügte er über kein eigenes Feuerzeug oder über Zündhölzer. Deshalb lieh er sich ein Stabfeuerzeug im elterlichen Haushalt aus. Dieses konnte heimlich nach Gebrauch sofort wieder in die Küchenschublade, in der die Feuerzeuge lagen, zurückgelegt werden. Florian ging selbstverständlich davon aus, dass seinen Eltern sein schulischer Pausenfüller entging. Weit gefehlt!

Florian hatte den kleineren der sich auf dem Schulgelände befindlichen zwei Pausenhöfe für seinen geplanten Augen- und Ohrenschmaus ausgewählt. Auf diesem hielten sich die „Frischlinge", erste bis dritte Klasse, auf. Somit nahm das Drama seinen Lauf. Florian zündete seine Zauberstäbchen in verschiedenen Formen und Größen an. Sodann lief er mit seinen Kameraden mal in die eine, mal in die andere Ecke, um von dort aus mit einem gebotenen Sicherheitsabstand einen guten Blick auf das Szenario zu erhaschen.

Ein Erstklässler sah diesem Feuerwerk ebenso gespannt zu. Wurde neugierig und schlenderte langsam auf einen am Boden liegenden Feuerwerkskörper zu. Voller Neugier hob er das fackelnde, mit Schwarzpulver gefüllte Behältnis auf. In diesem Moment zerknallte das Stäbchen laut in seiner rechten Hand. Der gefüllte Pappkörper zerbarst. Der kleine blonde Junge erschrak fürchterlich. Fing bitterlich an zu weinen. Schrie laut. Eine Aufsichtsperson der Schule, eine junge, unerfahrene Lehrerin, brach ihre Unterhaltung mit einer anderen Lehrkraft umgehend ab. Sie lief schnellen Schrittes auf den kleinen blonden Jungen zu. Dieser stand unter leichtem Schock. Als die junge Frau den kleinen Jungen ansprach, schaute dieser sie verstört mit verweinten Augen an. Die junge Lehrerin schnappte sich den kleinen Erstklässler, und beide gingen langsam in das

Krankenzimmer der Schule. Der kleine blonde Junge wurde dort untersucht und erstversorgt. Eine kleine Brandblase hatte der kleine Mann davongetragen. Ansonsten hatte er viel Glück gehabt. Mehr Glück als Verstand!

Der Schuldige war schnell entlarvt. Bianca wurde noch am selben Tag in Florians Bildungsstätte zitiert und umgehend nach ihrer Ankunft über die Missetat ihres Sohnes unterrichtet.

„Frau Schneider", sagte die Klassenlehrerin kopfschüttelnd zu Bianca, „Florian und der verletzte kleine Junge hatten mehr Glück als Verstand. Was hätte dabei nicht alles passieren können! Wir haben die Eltern des Jungen ebenfalls informiert. Es kann gut sein, dass Florian eine Anzeige wegen Körperverletzung bekommt. Auf jeden Fall werden wir Ihren Sohn schriftlich abmahnen. Das verstehen Sie doch?!"

Natürlich verstand Bianca das. Sie war stinksauer auf Florian! Was für eine ausgesprochen blöde Idee ihres Sohnes!

Peter und Bianca erlaubten ihren Söhnen immer, Spielkameraden mit nach Hause zu bringen. Einzige Bedingung: Der Besuch musste seine Straßenschuhe in der Diele ausziehen. Oft fand man im Schneiderhaushalt einen Berg Kinderschuhe beim Eintreten ins Haus vor. Letztlich blieb ihnen dieser visuelle Augenschmaus konstant bis zum Auszug ihrer Söhne erhalten … lediglich die Schuhgrößen änderten sich im Lauf der Jahre. Peter und Bianca wollten, dass ihre Söhne, wenn sie schon Mist bauten, die in ihren eigenen Räumlichkeiten taten. Frei nach dem Motto: „Vertrauen ist gut, Kontrolle ist besser."

Ab dem Frühjahr 2002 waren Drogen durchaus ein Thema im Hause Schneider. Im jungen Alter von vierzehn Jahren sammelte Fabian seine ersten Erfahrungen mit der Cannabispflanze. Des Öfteren kam er bekifft nach Hause. Das Tütendrehen war eine Zeit lang richtig cool und hip in Fabians Clique. Bis eines Tages ein Freund, ein Klassenkamerad von Fabian, nach dem Genuss eines gerauchten Tütchens einen Abdreher bekam. Verursacht wurde dieser durch einen Gendefekt. Nach dem Genuss der weichen Droge Haschisch bekam der Heranwachsende krampfartige Anfälle und hatte auch Ausfälle. Einige Monate lang musste der erkrankte Jugendliche zur Besserung seiner Gesundheitssituation in einer geschlossenen psychosomatischen Klinik verbringen. Eines sei gesagt: Der erkrankte Jugendliche ist heute ein Mann, der mit beiden Beinen erfolgreich im Leben steht. Fabian bekam diesen Vorfall damals hautnah mit. Ihm verging zum Glück schnell der Geschmack an Drogen, wenn er daran dachte, was unter dem Einfluss dieser chemischen Keule mit seinem Körper passieren kann. Dennoch führte Bianca zu diesem Zeitpunkt das Buch „Wir Kinder vom Bahnhof Zoo“ als Pflichtlektüre, als Präventivlesestoff in ihrem kuscheligen Zuhause ein. Beide Jungs mussten dieses Buch im Alter von jeweils vierzehn Jahren lesen, bis sie für Bianca markante Passagen des Buches kannten.

Einige beschränkt befähigte Eltern von Mitschülern aus Fabians Klasse verharmlosten den Genuss der Drogen während eines von Bianca anberaumten Elternabends zum Thema „Drogen und Prävention“.

Sie waren der Meinung: „Alles halb so schlimm.“ Der eine oder andere Erziehungsberechtigte wurde schon einige Jahre später eines Besseren belehrt.

Manche Elternpaare mussten die Erfahrung machen, dass ihr Kind von weichen auf harte Drogen umstieg. Inklusive aller Risiken und Nebenwirkungen.

An einem Abend des Jahres 2006, Florian war 16 Jahre jung und mitten in der Pubertät. Peter und Bianca wollten es sich auf ihrer Couch bei einem ausgeliehenen Videofilm bequem machen, da klingelte es an der Haustür. Verdutzt fragte Peter Bianca: „Wer ist das denn? Um diese Uhrzeit?“ Schlecht gelaunt schlurfte er zur Haustür. Es war zweiundzwanzig Uhr. Für Florian als auch für Fabian war es noch zu früh. Oder doch nicht? Peter öffnete die Haustür. Vor der Tür standen zwei Männer in grüner Uniform. Die Herren kannten sich vom Sehen. Es waren die Dorfpolizisten.

„Herr Schneider“, sagte der ältere, größere zu Peter.

„Ich glaube, es ist besser, wenn Sie sich jetzt etwas überziehen und mit Ihrem Auto an die Tankstelle im Ortskern fahren. An einer der Zapfsäulen liegt Ihr jüngerer Sohn in sauer ...

Wir hätten ihn ja mitgenommen. Nur … wenn er uns das Auto vollkotzt, müssten Sie für die kleine Spritztour einige Hundert Euro bezahlen. Wir dachten uns, dass Ihr hart erarbeitetes Geld auch anders angelegt werden kann.“

Peter war sprachlos. Er wusste nicht, was er sagen sollte. Sein Sohn stinkbesoffen an einer Tankstelle an einer Zapfsäule liegend? Das durfte ja wohl nicht wahr sein! Schnell zog er seine leichte beigefarbene Sommerjacke an und begleitete die Polizisten von seinem Grundstück. Ging wutschnaubend zu seinem Wagen, um seinen gut abgefüllten Sohn abzuholen. Peter schlug nur wenige Minuten später auf der Tankstelle auf. Diese lag nur zehn Gehminuten und noch weniger Fahrminuten vom Haus der Schneiders entfernt. Wie von den Polizisten beschrieben, lag Florian sturzbesoffen, lallend, jedoch äußerst fröhlich und lauthals singend an der Zapfsäule. Peter sackte seinen Sohn ein und fuhr ohne ein weiteres Vorkommnis zurück zum Schneiderdomizil. Dort angekommen, bugsierte Peter seinen sturzbesoffenen Sohn aus dem Auto ins Haus. Bianca wartete gespannt. Eigentlich mehr angespannt als gespannt. Sie hatte die Unterhaltung mit dem Polizisten vom Wohnzimmer aus mithören können. Sie war verwundert, als Peter die Haustür aufschloss und sah, dass er einen sternhagelvollen Florian in die Diele schleppte. Sodann begleitete sie die beiden in Florians Zimmer. Peter legte ihn, nachdem er ihm seine Jacke, seine Jeanshose und seine Schuhe ausgezogen hatte, zur Ausnüchterung in sein Bett. Bianca stellte zur Sicherheit einen mit Wasser gefüllten Eimer vor sein Bett.

Was gab es sonst noch aus dem Haus der Familie Schneider zu berichten? Beiden Jungs wurde während ihrer Schulzeit Intelligenz nachgesagt. Legasthenikertests bestätigten die Vermutungen. Sie galten als begabt. Beide waren, wie ihr Vater, Legastheniker. Eingesetzt hatten die beiden ihre Begabung während ihrer Schulzeit im Unterricht nur begrenzt. Die Lehrer von Fabian und Florian waren sich einig: Aus den beiden würde mit ihrer Einstellung zur Teilnahme am Unterricht nie etwas Vernünftiges werden.

Wie sehr sich die schlauen Lehrer doch täuschten!

So viel sei verraten, Fabian machte nach seiner Schulzeit eine Ausbildung zum Kaufmann für Dialogmarketing. Nach der erfolgreichen Beendigung drückte er erneut die Schulbank. Er holte sehr erfolgreich sein Abitur nach und absolvierte im Anschluss ein Masterstudium an der renommierten Universität in der schleswig-holsteinischen Landeshauptstadt. Man mag es zunächst nicht für möglich halten: Der einstige Rebell studierte zunächst Wirtschaftswissenschaften und Geologie auf Handelslehramt, gab diesen Studiengang jedoch nach zwei Semestern auf und wechselte das Genre. Er studiert fortan Betriebswirtschaft, um diesen Studiengang mit einem Master in der Tasche abzuschließen und als erfolgreicher Betriebswirt seinen künftigen Lebensunterhalt zu erwirtschaften.

Der zweite Spross der Familie betrat nach seiner erfolgreichen Ausbildung zum Koch ein ganz anderes Feld. Florian verpflichtete sich, für viele Jahre beim größten deutschen Arbeitgeber zu arbeiten. Er ging zur Bundeswehr.

Peters und Biancas Sohn hatte sehr zu ihrem großen Leidwesen auch die verhassten „Friedenseinsätze“ in Krisengebieten abzuleisten.

Ihre als Kinder völlig verpeilten Söhne, die als Knaben und Jugendliche nur wenige Fettnäpfe ausließen, wurden tatsächlich solide.

Beide Schneiderkinder bewohnen seit einiger Zeit ihre eigenen vier Wände. Beide haben ihren Platz in ihrem Leben gefunden. Beide sind gern gesehene Gäste im Hause ihrer Eltern.

Peter und Bianca haben geschafft, wovon viele Eltern träumen. Ihre beiden Söhne sind gesund und in ihrem Tun und Handeln erfolgreich. Aus den einstigen Hallodris sind gestandene, erfolgreiche Männer geworden.

Schlusswort

Meine lieben Eltern, abgerechnet wird definitiv am Schluss! Bloß keinerlei Gedanken machen, wenn die kleinen Schätze „nur" mittelbegabte Rotzlöffel sind. Es gibt keine Genies von Geburt an.

Es gibt tatsächlich Mütter, die behaupten, ihre Kinder könnten von Geburt an alles! Auch sind die Windelpupser dieser Mütter die Ersten beim Laufen, die Ersten beim Sprechen. Ebenso können die kleinen Racker in einem Alter von drei Jahren bereits rechnen und schreiben.

Mit vier Jahren können diese Knirpse die Uhrzeit lesen.

Diese Wunderknirpse sind, wie schon erwähnt, die intelligentesten Kinder der Welt!

Doch die Realität sieht wohl ganz anders aus. Diese armen kleinen Menschen werden von ihren ehrgeizigen Müttern oder Vätern dazu verdonnert, deren Leben zu leben. Alles, was die Mütter oder Väter nicht geschafft haben, bürden sie nun ihren kleinen Sprösslingen auf.

Diese Wunderknirpse stehen unter einem ständigen Dauererfolgszwang. Ihre eigenen Wünsche und Fähigkeiten werden permanent vernachlässigt.

Vom Einser-Abitur an wird alles, was seitens des Elternhauses an Hochleistung gefordert wird, hochrangig abgeliefert.

Doch es kommt durchaus oft anders als von den ehrgeizigen Eltern gewünscht und gefordert. Manche Kinder werden nach dem Abschluss ihres Einser-Abiturs nie wieder zu Hause gesehen. Kaum sind die Hochleistungsabsolventen dem Elternhaus entkommen, entdecken diese nunmehr ihr eigenes Ich. Ihr freies Wesen. Ihre eigene Identität.

Was ich damit sagen will, liebe Eltern, liebe werdende Eltern, liebe Leser, wir alle können und sollten gelassen bleiben. Auch mit „Versagerkindern“ gibt es in jedem Fall Hoffnung.

Aus einem hochbegabten Ausnahmeracker wird unter Umständen „nur“ ein erwachsener Normalo, und ein mittelmäßig begabter Rotzlöffel entpuppt sich in den späteren Jahren möglicherweise als der nächste Einstein.

Das Wichtigste, was wir als Eltern unseren Kindern geben können, sind Liebe, Fürsorge und Vertrauen!

Danksagung

Mein großer Dank gilt Gunna Westphal, die mich fabelhaft unterstützt hat.